Maria Leondin

Mein
Liebes-Horoskop

Maria Leondin

Mein Liebes-Horoskop

Alles, was die Sterne über eine glückliche Partnerschaft wissen

tosa

Satz und Layout: www.textwerkstatt.at
Fotos: Ulrike Müller-Kaspar
Umschlaggestaltung: Studio Höpfner-Thoma GraphicDesign, Gräfelfing
Coverfotos: Covervorderseite Mauritius, Coverrückseite Corbis
Druck: Tlačiarne BB s.r.o., Slovakia

www.tosa-verlag.com

Inhaltsverzeichnis

Welcher Partner ist der richtige für Sie, für Ihre Freundin, für Ihre Kinder? Was müssen Sie tun, um einen interessanten Menschen nicht zu vertreiben, sondern für sich zu interessieren? Welche Tücken, welche Chancen hält diese Beziehung für Sie bereit? Wie liebt ein Widder, wie eine Jungfrau? Wie werden Sie einen ungeliebten Stier oder Skorpion wieder los? Wie vertragen sich Zwillinge mit Waagen, welche Aussichten haben sie mit Schützen?

Lassen Sie sich entführen in die faszinierende Welt der Partnerschaftshoroskope – alles, was Sie dazu brauchen, ist Neugier. Nun gut – Sie sollten außerdem wissen, wann das Objekt Ihrer Neugier geboren wurde. Für eine erste Annäherung reicht der Geburtstag. Mit dieser Information ausgestattet, können Sie in den meisten Fällen sagen, „Ich bin Steinbock" oder „Mein Partner ist Waage". Wer an einem Tag geboren ist, an dem die Sonne von einem Tierkreiszeichen ins nächste wechselt, dem wird das nicht reichen, er muss die genaue Stunde seiner Geburt kennen.

Genauere Angaben liefert ein vollständiges Horoskop. Das ist ein Abbild des Standes aller Planeten zum Zeitpunkt der Geburt eines Menschen; wenn Sie so wollen, eine präzise Momentaufnahme des Himmels.

Ein solches Horoskop entstand früher mit langem Blättern in Planetenstandstabellen. Heute gehen Sie ins Internet oder bitten jemanden, das für Sie zu tun. Seriöse Anbieter wie www.astro.com errechnen auf der Basis Ihrer Angaben gratis die Grafik, die zeigt, wo ein bestimmter Planet zum Zeitpunkt der Geburt des Menschen stand, dessen Horoskop Sie interessiert. Was Sie dazu eingeben müssen, ist dessen

Ihr Liebeshoroskop – selbst erstellt

Geburtsort und Geburtsstunde. Letztere erfährt jeder selbst in der Regel beim Standesamt seines Geburtsortes.

Wie Sie mit einem Horoskop arbeiten? Nun, stellen Sie sich einfach vor, für jeden wichtigen Anteil Ihrer Persönlichkeit gibt es eine Instanz da draußen am Himmel. Die Sonne steht für Ihr Herz, für Ihr Wollen, für Ihr Ich. Der Mond für Stimmungen und Gefühle. Für Liebe und Partnerschaft ist Venus zuständig, die Göttin der Liebe und Schönheit, für Intellekt und Vernunft ist es Merkur, der Götterbote. Für Verantwortung und Sicherheit ist Saturn maßgeblich, für Wachstum und Freiheit Jupiter, für Vorstellungskraft und Intuition Neptun, für Veränderung und Bewegung Uranus, für Tatkraft und Antrieb Mars, und für Transformation und Neubeginn Pluto. Und je nachdem, so glaubt die Astrologie, wo all diese Planeten zum Zeitpunkt Ihrer Geburt stehen, können sie sich in bestimmter Weise entfalten. „Gut" oder „schlecht" gibt es dabei nicht, es geht eher um das Erfassen von Qualitäten.

Angenommen, Venus steht bei einem Partner im Steinbock, beim anderen aber in der Waage. In beiden Umgebungen kommt sie ganz anders zur Geltung. Wie, das finden Sie übrigens auf Seite 72 und 102 in aller Kürze in der Mitte der Seite. Nach der Lektüre wird Ihnen auf Anhieb einleuchten, dass der Zugang beider Partner zum Thema Liebe ein sehr unterschiedlicher ist.

Falls diese Erkenntnis auch bei Ihnen ein Aha-Erlebnis auslöst, sei sie hier wiederholt: Der Satz „Ich bin Schütze" besagt nichts anderes als: „Zum Zeitpunkt meiner Geburt stand die Sonne im Zeichen des Schützen". Schlampig, aber kurz, haben wir uns angewöhnt, jeden Menschen mit seinem Sonnenzeichen zu identifizieren. Wann die Sonne in welchem Tierkreiszeichen steht, erfahren Sie in der unten stehenden Tabelle.

Wie sich der Stand der Sonne im Horoskop der Geburtsstunde auf den Charakter eines Menschen und sein Verhalten rund um Beziehungen niederschlägt, wird in diesem Buch am ausführlichsten behandelt, da die meisten Menschen zunächst nur das Sonnenzeichen einer Person kennen. Sie finden diese Information im oberen Teil der folgenden Seiten.

Im unteren Teil jeder Seite stehen unsere Erfahrungswerte und Prognosen für die 144 möglichen Kombinationen. Dabei ist die Beziehung mit ihren Chancen und Gefahren, Lernmöglichkeiten und Glücksmomenten stets aus der Sicht des erstgenannten Tierkreiszeichens beschrieben. Denn was für den einen eine Katastrophe, kann für den anderen kurzfristig eine beglückende Beziehung sein.

Je nachdem, wie genau Sie es wissen wollen, lesen Sie also den oberen Text oder schlagen außerdem den Stand sämtlicher Planeten des Horoskops nach. Und dann? Was sagt Ihnen das?

☽ = Mond; ☿ = Merkur; ♀ = Venus; ♂ = Mars; ♃ = Jupiter; ♄ = Saturn; ⛢ = Uranus; ♆ = Neptun; ♇ = Pluto

Sie finden hier Hinweise und Anregungen zur Gestaltung einer Beziehung. Nicht mehr und nicht weniger. Leben müssen Sie sie selbst, die Ausnahmen bestätigen immer die Regel und Sie selbst schmieden Ihr Liebesglück. Wir nennen Ihnen lediglich die Themen, mit denen Sie dabei immer wieder zu tun bekommen könnten. Auch wenn es manchmal so klingt: Nichts, was Sie hier lesen, muss so sein. Sie selbst gestalten Ihr Leben, Sie selbst nehmen Ihr Schicksal in die Hand.

Mögen Sie dabei glücklich werden!

Geburtstage und Sonnenstände in den Tierkreiszeichen

21. 3. bis 20. 4.	Widder	23. 9. bis 22. 10.	Waage
21. 4. bis 20. 5.	Stier	23. 10. bis 22. 11.	Skorpion
21. 5. bis 21. 6.	Zwillinge	23. 11. bis 21. 12.	Schütze
22. 6. bis 22. 7.	Krebs	22. 12. bis 20. 1.	Steinbock
23. 7. bis 23. 8.	Löwe	21. 1. bis 20. 2.	Wassermann
24. 8. bis 22. 9.	Jungfrau	21. 2. bis 20. 3.	Fische

Der Widder und die Liebe

Energisch, begeisterungsfähig, beweglich und voller Drang nach Unabhängigkeit – so präsentieren sich Menschen, die im Zeichen des Widders geboren wurden. Zu ihrer Tatkraft, ihrem Sinn fürs Praktische und Praktikable, ihrer Zielstrebigkeit und ihrer gesamten positiven Dynamik gesellen sich oft aber auch Schattenseiten wie Gier, Anmaßung, Willkür, Reizbarkeit und Streitsucht. Ein streichelweicher, unkomplizierter Zeitgenosse ist der Widder sicherlich nicht. Dafür aber ein umso interessanterer.

Widder lieben den Kampf als aufregendes Spiel. Wer den Konflikt scheut oder todernst nimmt, verwandelt sich in ihren Augen schnell zum Spielverderber. Mit einem Widder als Partner sollten Sie daher tunlichst lernen zu streiten. Er wird es Ihnen leicht machen: Als geborener Krieger ist der Widder ein fairer Kämpfer, der Ihnen so schnell keinen Streit nachtragen wird – selbst wenn er ihn verloren hat!

Elegante oder spitzfindige Kompromisse sind dagegen bei ihm verschenkt. Oft wird er sich nicht einmal die Zeit nehmen, den vorgeschlagenen Ausgleich auch nur anzusehen.

Der Widder als Partner

Der Widder wird vom Mars regiert, Feuer ist sein Element. Genau wie das Feuer ist der Widder flüchtig und unberechenbar, schwer zu beherrschen und von zwiespältiger Wirkung – wärmend und zerstörend, nährend und verschlingend. Das Feuer ver-

Mond im Widder: Stimmungen und Gefühle: Will seinen Willen durchsetzen. In seinem Enthusiasmus ist er mitunter ungerecht und unruhig, bis er ans Ziel kommt. ☽

Widder und Widder

Im Volksmund gibt man zwei Widder miteinander kaum Chancen. Es seien Partnerschaften, so heißt es, die am Führungsanspruch der beiden scheitern müssten. Dieses Bild ist nicht ganz korrekt. Beobachten Sie Widder doch einmal in der Natur: Ihre Streitigkeiten mögen mörderisch erscheinen, haben jedoch auch ihre spielerischen Elemente. Ähnlich verhält es sich bei menschlichen Widdern. In der Regel können sie die aggressiven Spielchen ihres Partners wesentlich besser einschätzen als andere Menschen. Daher sind Widder/Widder-Konstellationen durchaus nicht so aussichtslos, wie häufig behauptet wird. Voraussetzung ist allerdings, dass die Widder-Frau grundsätzlich bereit ist, ihren Partner als „Leithammel" anzuerkennen. Die Statistik gibt dieser These übrigens Recht und bescheinigt Widder/Widder-Verbindungen eine ungewöhnlich hohe Beständigkeit.

Widder und Stier

Gegensätze ziehen sich bekanntlich an. Und so kommt es, dass ein Widder mit seinem Veränderungsdrang an dem Sicherheitsstreben eines Stiers Gefallen findet, und dass der Stier in seiner Beharrlichkeit von der Beweglichkeit des Widders angezogen wird. Ist die erste Faszination jedoch erst einmal erloschen, kann

wandelt alles, was es berührt – und der Widder macht es ähnlich. Das tägliche Werben um seine Aufmerksamkeit erfordert Kraft und Nerven. Überlegen Sie sich daher, ob Sie mit einem kurzen, heißen Flirt zufrieden sind oder ob Sie künftig permanent viel Überzeugungskraft in „Ihren Widder" investieren wollen. Machen Sie sich zudem klar, dass Sie es mit einem ungeduldigen Zeitgenossen zu tun bekommen. Auch das ist nicht jedermanns Sache.

Dauerhafte Beziehungen sind mit einem Widder keineswegs ausgeschlossen. Und sie lohnen sich allemal. Ist „Ihr Widder" erst einmal von Ihrer Einmaligkeit und Außergewöhnlichkeit überzeugt, wird er Ihnen den Himmel auf Erden bereiten. Da er den Alltag hasst wie die Pest, übernimmt in solchen Fällen meist er die Aufgabe, Abwechslung ins Leben zu bringen. Ihnen bleibt dann die – zugegebenermaßen ebenfalls recht anstrengende – Aufgabe, seine Einfälle gebührend zu bewundern und mit ihm zu durchleben.

Für „gebrannte Kinder", die noch unter dem Schock einer schmerzlich erlebten Trennung stehen, ist der Widder jedoch sicherlich kein geeigneter Trost. Die Gefahr ist viel zu groß, sich an diesem Energiebündel erneut die Finger zu verbrennen. Wer jedoch der Öde des täglichen Einerleis entfliehen möchte und auf der Suche nach wilden Abenteuern bereit ist, etwas zu riskieren, dem sei der Widder wärmstens empfohlen. Und wer sich aus innerlicher Erstarrung lösen und an den lodernden Flammen der Leidenschaft aufwärmen möchte, für den ist ein Widder ein Geschenk des Himmels.

☿ **Merkur im Widder:** Intellekt und Vernunft: Steckt voller Pläne und Ideen. Ist erfinderisch und ehrgeizig, wartet aber oft nicht, bis erste Ergebnisse sichtbar werden.

die anfängliche Anziehung in heftige Ablehnung umschlagen. Die Großzügigkeit des Widders verwandelt sich für den Stier in reine Verschwendungssucht. Und was für den Widder zunächst wie Sicherheit wirkte, entpuppt sich mit der Zeit als Langeweile. Unverhohlen schaut er sich dann nach interessanteren Jagdgebieten um. In dieser Phase ist die unterschiedliche Streitkultur besonders gefährlich. Beide Tierkreiszeichen sind mächtige Kämpfer. Doch während der Widder oft die vorhandenen Grenzen nur austesten möchte, ist für den Stier ein Streit eine Sache auf Leben und Tod. Dann flieht der Widder, denn ein entfesselter Stier ist auch für ihn eine Nummer zu groß.

Widder und Zwillinge

Der Widder als Jünger des Feuers fühlt sich von den Vertretern der Luft magisch angezogen. Schließlich weiß er, dass er ohne dieses Element ersticken muss. Dieses Wissen macht die beiden zu einem originellen, durchsetzungskräftigen Gespann: Die Zwillinge tragen die kreativen Ideen in dieses Zusammensein, der Widder setzt sie durch. Auch mit den gegenseitigen Schatten können die beiden recht gut umgehen. Der Widder hält die herumflatternden Zwillinge bei der Stange – zur Not auch einmal mit einem deutlichen Schubs in die richtige Richtung. Die Untreue des Partners beantwortet er schlicht mit

Der hoffnungsvolle Anfang

Einen Versuch ist es allemal wert, zumindest einmal im Leben die Aufmerksamkeit eines Widders zu erregen. Ist sein Jagdtrieb erst einmal erwacht, wird er unverzüglich damit beginnen, Sie von seinen Vorzügen zu überzeugen. Sie werden staunen, welche unwiderstehlichen Eigenschaften Sie an ihm entdecken. Zielstrebigkeit und Selbstbewusstsein vereinigen sich im Widder nämlich zu einer Mischung, die eines Staubsaugervertreters würdig ist.

Einen Widder findet man an allen Plätzen dieser Welt, an denen etwas los ist. Rauschende Partys, gesellschaftliche Happenings, kulturelle Events oder politische Veranstaltungen – Hauptsache, es geht hoch her und er ist mitten im Geschehen.

Wenn Ihnen in einer derartigen Umgebung das Objekt Ihrer Begierde deshalb auffällt, weil es von den begehrenswertesten Gästen des Abends umringt wird und trotzdem nach einem noch geistreicheren, schöneren oder reicheren Flirt Ausschau hält, können Sie ziemlich sicher sein, einen Widder im Visier zu haben. Widder werden auch in der Liebe ihrem Ruf gerecht, sich nicht mit kleinen Freuden zufriedenzugeben, sondern ihre Ziele hochzustecken und kompromisslos zu verfolgen.

Einen Widder fangen Sie am leichtesten ein, indem Sie sich zum Ziel seiner Wünsche und Begierden machen. Widder geben nämlich nur höchst ungern die Zügel aus der Hand. Sie wollen erobern, nicht erobert werden. Verbieten Sie einer Widder-Frau, ihre Rechnung im Restaurant selbst zu bezahlen, und Sie werden vermutlich

Venus im Widder: Liebe und Leidenschaft: Ein Anhänger der „Liebe auf den ersten Blick". Vertreibt aber zart besaitete Zeitgenossen mit seiner Impulsivität. ♀

einer eigenen Eskapade, um sich dann innerlich völlig versöhnt wieder den erotischen Ideen der Zwillinge hinzugeben.
Einem Streit sind die Zwillinge zwar nicht gewachsen, doch greifen die Jünger Merkurs in solchen Fällen zu einer List. Solange sich der Widder dadurch nicht grob getäuscht fühlen muss, geht das auch recht gut.

Widder und Krebs

Dass Widder und Krebs tatsächlich aufeinander treffen, hat Seltenheitswert. Schon beim ersten Liebeswerben wird sich der Widder vom Zickzack-Kurs des Krebses auf den Arm genommen fühlen, obwohl der Krebs ihm in Wahrheit näher rückt. Das ist schade, denn eigentlich passen sie gerade auf erotischem Gebiet sehr gut zusammen. Außerhalb des Bettes werden die Differenzen jedoch schnell unüberwindbar. Das beginnt bereits an der Bettkante. Während der Krebs noch in den Federn kuschelt, drängt es den Widder zu seinen Kumpeln in die Kneipe. Der Widder sucht das Abenteuer, der Krebs die Sicherheit. Der Widder ignoriert seine Umgebung, der Krebs will von allen geliebt und anerkannt werden. Der Widder ist ein Feind der Regelmäßigkeit, der Krebs wird von inneren Rhythmen beherrscht. Der Widder liebt das Tempo, der Krebs mag nicht gedrängt werden. So müssen sie viel lernen, um als Paar zu bestehen.

kein zweites Rendezvous mit ihr erleben. Aus dem gleichen Grund wird sich ein Widder-Mann irritiert zurückziehen, wenn Sie sein ritterliches Angebot, Ihnen in den Mantel zu helfen, rüde zurückweisen.

Nähern Sie sich dem Widder zunächst auf der intellektuellen Ebene. Zeigen Sie sich als aufmerksamer, jedoch nicht als schweigsamer Zuhörer. Fordern Sie ihn ruhig heraus, versuchen Sie allerdings keinesfalls, das Interesse der restlichen Runde von ihm abzuziehen.

Wenn Sie mit „Ihrem Widder" in ein Zwiegespräch eintauchen, können Sie durchaus auch an seine Ritterlichkeit appellieren. Die Krieger des Mars sind sehr hilfsbereit. Vermeiden Sie jedoch, als Opfer aufzutreten, suchen Sie lieber seine Unterstützung für ein Vorhaben oder fragen Sie ihn um Rat.

Ist das alles nicht nach Ihrem Geschmack, dann holen Sie den Widder am besten auf die Tanzfläche. Zur hohen Kunst des Flirts gehört, ihn nicht aufzufordern. Locken Sie den Widder-Geborenen lieber hinter sich her. Tanzen Sie wild und selbstbewusst allein zu heißen Rhythmen, und Sie werden schnell seine Gesellschaft genießen. Viele Widder sind hervorragende Tänzer, die sich taktsicher und elegant allein auf dem Parkett bewegen, die jedoch genauso hinreißend führen.

Ein schneller, rhythmischer Tanz in den Armen eines Widders ist ein sehr genauer Vorgeschmack auf die erotischen Genüsse, die auf Sie warten. Signalisieren Sie ihm in solchen Augenblicken nichts, was Sie nicht zu halten bereit sind. Wenn die Aggressivität des Widders auch stark spielerische Elemente enthält, beim Sex versteht

♂ **Mars im Widder:** Tatkraft und Antrieb: Ist energisch und durchsetzungsstark, reagiert aber aufbrausend, wenn sich etwas oder jemand in seinen Weg stellt.

Widder und Löwe

Widder und Löwe – diese Kombination verspricht eine lebendige, sprühende Partnerschaft. Das Naturell der beiden zwingt sie zwar immer wieder, um die Führung zu streiten. Böse sind sie sich jedoch nie lange. Und das ist bekanntlich bereits der halbe Weg zum Beziehungserfolg. Das hilft ihnen letztlich auch, sich wechselweise Eifersuchtsanfälle und Eskapaden zu verzeihen. Alles in allem wird es eine lebhafte Beziehung, die sich als erstaunlich stabil erweist. Ein Blick in die Statistik bestätigt das astrologische Urteil übrigens auch in der Praxis: Vor allem Widder-Frauen zeigen ein überproportionales Interesse an Löwe-Männern und heiraten sie so gern wie sonst nur das eigene Sternzeichen oder Schützen. In der Scheidungsstatistik fallen diese Paare dagegen nicht auf. Anders die Widder-Männer: Sie zögern deutlich stärker, sich an Löwe-Frauen zu binden.

Widder und Jungfrau

Widder und Jungfrau, Feuer und Erde: Im ersten Augenblick mag man geneigt sein, dieser Beziehung keinerlei Chancen zu geben. Aber so unmöglich ist sie dann doch nicht. Die Qualitäten von zwei bewussten Spezies dieser Arten fügen sich nämlich eigentlich sehr leicht zu einem harmonischen Ganzen zusammen: Der

er keinen Spaß. Hinhaltetaktik oder erotische Neckereien machen ihn rasend. Entweder dreht er sich auf dem Absatz um und geht, ohne Sie jemals wieder eines Blickes zu würdigen, oder er nimmt sich, was ihm so offensichtlich versprochen wurde.

Hat es beim ersten Treffen noch nicht so richtig gefunkt, präsentieren Sie „Ihrem Widder" beim nächsten Mal gleich mehrere aufregende Möglichkeiten. Es muss nicht unbedingt eine heiße Party sein, Widder fühlen sich auch in Theater- und Konzertsälen wohl, lieben Sportarenen und haben auch etwas für Museen übrig. Oder gehen Sie mit ihm an die frische Luft.

Bei all der Aggressivität und Angriffslust, die dem Widder landläufig bescheinigt werden, mag der Rat, „Ihren Widder" zu einem Spaziergang zu verführen, verwunderlich klingen. Doch ist dieser leidenschaftliche Mensch gleichzeitig voller Schönheitssinn und Harmoniebedürfnis. Er liebt hochgelegene und wildromantische Orte; durchforsten Sie mit ihm Walddickichte, erstürmen Sie Gipfel oder brausen Sie über steile Schipisten. Sie sollten sich allerdings sicher sein, dass Sie mit ihm Schritt halten können. Muss er Ihretwegen warten, ist die Affäre vorbei, ehe sie richtig begonnen hat. Richten Sie sich außerdem darauf ein, dass ein Widder in der Dunkelheit des Waldes oder in der Einsamkeit der Bergwelt nicht nur Händchenhalten vergnüglich findet. Ist dies auch nach Ihrem Geschmack, lockt ein wahres „Abenteuer Natur".

Eine weitere, überraschende Seite des Widders entdecken Sie, wenn Sie Ihr Programm auf seine enorm große, jedoch gut versteckte spirituelle Offenheit aufbauen. Sie dürfen nur nicht den Fehler machen, ihn mit der Aussicht auf die himmlische

Jupiter im Widder: Wachstum und Freiheit: Ein Pionier, der Neuland erobern will. Ein Hang zur Egozentrik ist vorhanden, aber er lebt sie sympathisch. ♃

Widder bringt die Jungfrau in Schwung, stürmt mit ihr ins Chaos, bringt sie jedoch auch wohlbehalten wieder heraus. Das führt bei ihr mit der Zeit zu jener Sicherheit, die aus ihr ein ganz unkompliziertes Wesen macht. Daher ist der Widder auch im Bett wie geschaffen, eine Jungfrau zu erwärmen. Haben sich die beiden erst einmal an die gänzlich andere Welt ihres Partners gewöhnt, profitieren sie ungewöhnlich stark voneinander.

Der Widder gibt seinem Jungfrau-Partner kaum die Chance zu selbstquälerischen Gedanken oder Handlungen; und die Jungfrau schützt den Widder vor zu großen Folgen seines unüberlegten Draufgängertums.

Widder und Waage

In dieser Kombination treffen zwei unverbesserliche Idealisten aufeinander. Doch während der Widder seine Ideale im Außen sucht, kreiert sich die Waage die ihren in ihrem Inneren. Nichtsdestotrotz können beide rasend werden, wenn sie von ihrem Partner diese Ideale verraten sehen. Darin liegt die Gefahr, aber auch die ungeheure Chance dieser Beziehung. Schafft es ein Widder, sich in den Dienst einer Waage zu stellen, so werden sie vermutlich miteinander die Welt verändern. Das Problem ist nur, dass ein Widder so ungern dient, das phantasievolle Potenzial der Waage jedoch nach einem bedin-

Entspannung nach einer gelungenen Meditation ködern zu wollen. Entspannung findet er langweilig. Locken Sie ihn aber mit dem Abenteuer anderer Welten und eines veränderten Bewusstseins, wird der Widder ziemlich sicher mit von der Partie sein.

Der Eros des Widders

So viel Programm Sie sich auch ausdenken mögen, rechnen Sie nicht damit, dass „Ihr Widder" auch nur einen Ihrer Vorschläge aufgreift. Vermutlich hat er bereits sehr genaue Vorstellungen von dem, was er machen möchte – und das wird bei einem in Leidenschaft entbrannten Widder vor allem „das eine" sein.

Lange Vorspiele dürfen Sie weder von einem Widder-Mann noch von einer Widder-Frau erwarten. Viel lieber als umständliche und langatmige Zärtlichkeiten ist es ihm, wenn er Gelegenheit bekommt, einen wohldosierten Widerstand zu überwinden. Für zart besaitete Liebende sind diese Zeitgenossen daher wirklich nichts.

Härter Gesottene kommen dafür in den Genuss seiner schier unendlichen Kondition – unter Umständen auch dann noch, wenn sie bereits schlafen. Aber an solchen Kleinigkeiten stört sich ein leidenschaftlicher Widder kaum. Und Sie werden erleben, wie umwerfend seine Überredungskraft sein kann. Sorgen Sie jedenfalls für einen vollen Kühlschrank – die erste Nacht mit einem Widder wird vermutlich lang.

Widder wollen Grenzen sprengen, im täglichen Leben genauso wie im Bett. Machen Sie sich also auf ein erotisches Abenteuer gefasst und vergessen Sie lieber

♄ **Saturn im Widder:** Verantwortung und Sicherheit: Ein starker Charakter, der dominieren will. Kein Teamplayer, der sich in Gruppen einfügt. Takt ist ihm fremd.

gungslos loyalen Diener schreit. Doch sobald die beiden dieses Dilemma gelöst haben, bilden sie ein Team, dem man weder privat noch beruflich so schnell etwas entgegensetzen kann. Und das auch im Bett ungeahnte Höhepunkte erreicht. Nur auf eins sollte der Widder achten: Er darf der Waage nie das Gefühl geben, sie zum Lustobjekt zu degradieren.

Widder und Skorpion

In dem hartnäckigen Skorpion fände der ungezügelte Widder eine ideale Ergänzung. Der Skorpion kann den Widder vor unbedachten Aktionen schützen, während der Widder den Skorpion davor bewahrt, sich in fixe Ideen zu verbeißen. Es handelt sich um eines jener Gespanne aus Feuer und Wasser, in der die gegenseitige Begrenzung die vernichtende Kraft der Elemente im Zaum hält und neue Produktivität entstehen lässt. Es wäre also durchaus vielversprechend, zumal der Skorpion als „Draufgabe" über eine unvergleichlich trickreiche erotische Palette verfügt, die ganz nach dem Geschmack des Widders ist. Doch leider kommt es dazu kaum. Denn bevor sie auch nur einen Teil des gemeinsamen Potenzials ausleben können, haben sich die beiden zerrieben. Denn beim Skorpion stößt der Widder, der für sein Leben gerne Streit anzettelt, auf einen unerbittlichen Gegner. So werden aus den potenziellen Siegern zwei Verlierer.

alles, was man gewöhnlich in Sachen Liebe tut oder lässt. Ort und Zeit, Stellung und Stimulation – alles muss der Widder zumindest einmal auch im glatten Gegenteil ausprobiert haben. Mit einer Ausnahme: Eine Annäherung von hinten wird er nicht zu schätzen wissen, so erotisch oder liebevoll sie auch gemeint sein mag. Ansonsten sind Ihrer und seiner Phantasie jedoch keine Grenzen gesetzt.

Den Rahmen für Ihr Liebesspiel mit einem Widder sollten Sie so abwechslungsreich wie möglich gestalten, wobei es Ihnen kaum gelingen wird, auf Tabus zu stoßen. So wird sich Ihr Widder-Partner in einem Porno-Kino genauso wohlfühlen wie in einer Tantra-Gruppe, in der gleich mehrere dutzend Paare miteinander auf die alles auflösende sexuelle Ekstase zusteuern. Er kann sich Ihnen im Auto ebenso ungeniert nähern wie auf dem Damenklo Ihrer Lieblingskneipe. Und vielleicht überrascht er Sie eines Tages mit einem Kamasutraset, einfach, um Neues auszuprobieren.

Wenn Sie seinen Körper streicheln wollen, sollten Sie sich Kopf, Stirn, Augen, Ohren und Nase aussuchen. Auch einem intensiven, forschenden Kuss ist ein Widder nicht abgeneigt. Und ein Hauch in sein Ohr oder ein unüberhörbares Stöhnen treiben ihn zu immer neuen leidenschaftlichen Höhepunkten. Doch Vorsicht, wer einen konzentriert am Schreibtisch arbeitenden Widder an seinen erogenen Stellen erwischt, wird bestenfalls ein abwehrendes Knurren ernten. Nur so, zum Spaß, lässt sich kein Widder erregen. Schließlich ist die Liebe eine viel zu ernste Sache.

Uranus im Widder: Veränderung und Bewegung: Entschlossen nimmt er das Leben in die Hand. Dabei fehlt ihm mitunter die notwendige Beständigkeit.

Widder und Schütze

Mit Widder und Schütze treffen zwei Feuerzeichen aufeinander. Man darf also getrost erwarten, dass es heiß hergehen wird mit diesen beiden Vertretern des Tierkreises. „Sofort oder nie", lautet ihre Devise; wobei es wirklich schade wäre, wenn sie das hitzige Potenzial ihres Gegenübers ungenutzt vorbeiziehen ließen.
Auf den ersten Blick haben Widder und Schütze als Feuerzeichen sehr viel gemeinsam: Beide verfügen über einen regen Geist, ein ungestümes Temperament und große Kraft. Da in dieser Kombination keiner auf die Bremse steigt, werden sie sich vermutlich häufig die Köpfe einrennen. Aber das stört sie nicht weiter. Beide sind so gebaut, dass sie Misserfolge oder Streitigkeiten heftig ausleben und schnell abschütteln. Darüber hinaus ergänzen sie sich optimal. Der Widder profitiert von den Ideen des Schützen, die er sich schnell als Ziel zu eigen macht. Das wiederum freut den Schützen, denn so bekommt er endlich die Chance, etwas fertig zu machen.

Widder und Steinbock

Ein Widder, der an einen Steinbock gerät, sollte tunlichst auf seine Hörner achten. Denn an der stoischen Unbeweglichkeit dieses Gegenübers kann er sich leicht den Schädel einrennen. Auch sonst sind diese beiden Bewohner der Bergwelt

Der Widder-Mann

Der Widder-Mann ist ein drängender, fordernder Liebhaber, der in seiner Leidenschaft alles um sich herum vergisst. Nur als Experiment ist er bereit, der Frau die dominante Position einzuräumen – doch selbst dann gelingt es ihm, den Takt anzugeben. Er bevorzugt es, sich seiner Partnerin von hinten zu nähern, und noch lieber sorgt er dafür, dass sie sich kaum rühren kann. So kann er seiner Lust mit voller Kraft ihren Lauf lassen, auch wenn er freilich immer wieder an Schmerzgrenzen stößt.

Tage zählend zu verhüten, ist mit einem Widder fast unmöglich. Doch ist der Widder keinesfalls unsensibel. Eine Frau, die im Bett selbstbewusst mit ihrem Körper und ihren Bedürfnissen umzugehen versteht, kann ihm schon mit kleinen Gesten ihre Grenzen vermitteln. Doch meist ist das überhaupt nicht notwendig. Die Begeisterung des Widder-Mannes ist so ansteckend, dass sich selbst solche Grenzen verschieben.

Die Widder-Frau

Die Widder-Frau verträgt es durchaus, zunächst etwas heftiger angefasst zu werden. Sie genießt dies als furiose Ouvertüre, um schlussendlich die gesamte männliche Energie ihres Partners doch zu unterwerfen. Mit all ihrer Kraft schwingt sie sich zu seiner Herrin auf, um ohne Rücksicht auf Konventionen und Beschränkungen von Gipfel zu Gipfel zu stürmen. Ein Liebhaber, der sich nicht verschrecken lässt und mit

♆ **Neptun im Widder:** Vorstellungskraft und Intuition: Ist fantasievoll und interessiert sich für alles Unbekannte und Neue, speziell für Philosophie und Spiritualität.

nicht leicht zusammenzuspannen. Der Widder findet den Steinbock spießig, der Steinbock hält den Widder für albern. Mit seiner schnelllebigen, wendigen Art bedroht der Widder das Sicherheitsbedürfnis des langsameren Steinbockes. Außerdem irritiert er ihn mit seiner Angewohnheit, das Leben zunächst einmal auf die leichte Schulter zu nehmen und Probleme zur Not mit einem heftigen Stoß ins Lot zu rücken. Doch gleichzeitig macht genau dies den Widder auch zu einem faszinierenden, anziehenden Gesellen für den Steinbock. Sein Humor, seine gradlinige Art und seine Offenheit gefallen ihm, und so kann es durchaus passieren, dass aus den beiden zumindest vorübergehend ein Paar wird.

Widder und Wassermann

Trifft ein Widder auf einen Wassermann, so kann er eine erstaunliche Langmut entwickeln. Die Eskapaden des Wassermanns können kaum so ausgefallen sein, dass der sonst so ungeduldige Widder seinen Gleichmut verliert. Das liegt vermutlich daran, dass sich in jeder verrückten Idee des Wassermanns unendliche viele Ansatzpunkte für die Tatkraft des Widders finden. Er kann seine Kraft in deren Umsetzung stecken und wird dafür vom Wassermann begeistert gefeiert. Für die Umgebung ist die Wirkung dieses Gespanns allerdings aufreizend anstrengend. Wo es geht und steht, versinkt zunächst einmal alles in

ihr Schritt hält, wird von ihr zu ungeahnten Höhen geführt – auch wenn sein Körper am Ende Biss- und Kratzspuren aufweisen könnte. Ist sie befriedigt, sinkt sie als schnurrendes Kätzchen zurück in die Kissen. Kaum zu glauben, dass dieses anschmiegsame Wesen noch kurz zuvor eine wahre Furie war.

Das schnelle Ende

Widder sind Idealisten. Sie sehen die Welt so, wie sie sie sehen möchten. Und dabei können sie lange „blind" sein. Wenn dies nicht mehr geht und er von irgendwem oder irgendwas gezwungen wird, seine Sicht der Dinge aufzugeben, fühlt er sich betrogen. In einem solchen Fall neigt ein Widder zu harten Schnitten. So wird er Marotten seines Partners schulterzuckend kommentieren – sofern er sie überhaupt zur Kenntnis nimmt. Fühlt er sich jedoch getäuscht, ausgenutzt oder betrogen und wackelt das Bild, das er sich von seinem Partner gemacht hat, wird er sich kommentarlos umdrehen und gehen. Jeder Versuch, ihn zurückzugewinnen, wäre völlig vergeblich.

Doch Sie brauchen nicht ins Grundsätzliche zu greifen, um „Ihren Widder" schnell loszuwerden. Es genügt, ihn mit der Routine des Alltags zu konfrontieren. Wenn Sie jeden Abend müde sind, auf Festen gelangweilt und schweigend im Eck stehen, erotische Annäherungen immer mit der gleichen Stellung beantworten, dann sieht er sich nach neuen Gefilden um. Deuten Sie an, dass Sie erwarten, jeden Samstag geliebt zu werden – „Ihr Widder" wird sich in eine Staubwolke verwandeln.

Pluto im Widder: Transformation und Neubeginn: Strebt nach Neubeginn und Machterwerb. Wirft auch Altbewährtes über Bord, um neue Chancen zu nutzen. ♇

Chaos. Beide sehen gerne über die Gefühle anderer Menschen hinweg, beide steuern ihre Ziele ohne Rücksicht auf Verluste an. Wie schmerzhaft sie dabei ihre Mitmenschen auch verletzen mögen, Widder und Wassermann kümmert das wenig.

Widder und Fische

In einem Widder tauchen unweigerlich Pygmalion-Phantasien auf, wenn er den Fischen erstmals begegnet. Da scheint ein Wesen zu existieren, das er ganz nach seinen Vorstellungen formen darf. Doch weit gefehlt, die Fische sind längst nicht so nachgiebig, wie es auf den ersten Blick scheint. Sie ziehen nur nicht in den Kampf, sondern entziehen sich lieber in die Tiefen des Wassers. Ist der Widder ehrlich zu sich, dann ist ihm das so auch viel lieber. Er hat einfach nicht die Geduld und die Ausdauer, um ständig die Beschützerrolle zu spielen. Außerdem lässt ihn die Nachgiebigkeit der Fische ins Leere rennen, was er zutiefst verabscheut.

Wirklich vergnüglich wird es für den Widder nur im Bett. Die offene Hingabe und unverkrampfte Erotik seines Partners weiß er in vollen Zügen zu genießen, zumal ihn die Intuition und die Fantasie der Fische auch selbst auf neue Ideen bringen. Wenn etwas diese beiden zusammenhält, dann ist es die Erotik.

Der Stier und die Liebe

Kennen Sie Ferdinand, den Stier von Munro Leaf? Falls nicht, und Sie bekommen es mit einem Stier zu tun, dann sollten Sie das Buch lesen: Ferdinand sitzt auf seiner Wiese und schnuppert an den Blumen. Um ihn herum atmet alles Frieden und Harmonie – bis die Matadore kommen und wilde, kräftige Stiere für die Arena suchen. Für den romantischen Ferdinand ist das nichts – doch leider, genau in jenem Augenblick, in dem sich die Männer nähern, setzt er sich auf eine Hornisse. Das folgende Schauspiel überzeugt die Matadore: Ferdinand, der Blumenfreund, der Genießer, der Philosoph und Pazifist ist der Richtige für die Arena.

Leafs Ferdinand ist ein typischer Vertreter seiner Art: ein ruhiger, friedlicher und ausgeglichener Zeitgenosse mit einem ausgeprägten Sinn für das Schöne im Leben. Fröhlich und sorglos genießt er seine Umgebung in vollen Zügen. Doch wehe, etwas gefährdet die Ruhe dieses empfindsamen Genießers. Augenblicklich wird er zu „El Torro", jenem wilden Kämpfer, der alles um sich herum niederwalzt, um den Störenfried aufzuspießen. Blind vor Wut stürzt er los, um sich nach dem Abebben seiner Gefühle in einer gänzlich unmöglichen Situation wiederzufinden. Dann sitzt der Schöngeist da und muss damit leben, dass ihn alle für gewalttätig halten.

Der Stier als Partner

Dabei ist der Stier alles andere als brutal und rücksichtslos. Sieht man von gelegentlichen Wutanfällen ab, handelt es sich um einen sehr pragmatischen, lebenstüchtigen

Mond im Stier: Stimmungen und Gefühle: Zärtlich und loyal schenkt er seinen Liebsten wunderbarste Stunden; doch wird er stur, wenn ihm etwas nicht passt. ☽

Stier und Widder

Sicher haben diese beiden Tierkreiszeichen nicht viel gemeinsam. Aber daraus zu schließen, sie könnten nichts miteinander anfangen, ist ebenso sicher falsch. Oft lieben wir an unseren Partnern genau jene Dinge, die wir an uns selbst vermissen. Daher haben kühle, zielorientierte Frauen oft sensible, liebevolle Männer, und unstete, flüchtige Zeitgenossen suchen sich beständige, zuverlässige Partnerinnen. Genau in diesen Kombinationen liegt auch das Potential einer Verbindung von Widder und Stier. In ihr stoßen Veränderung und Sicherheit, Großzügigkeit und Sparsamkeit, Beweglichkeit und Beharrlichkeit aufeinander. Am anfälligsten für Krisen sind diese Beziehungen sicherlich in der Phase, in der die erste Leidenschaft verraucht ist und der Alltag seine Rechte fordert. Dann besteht die Gefahr, dass der Widder genau dann nach neuen Ufern Ausschau hält, wenn der Stier gerade beginnt, Zutrauen zu fassen.

Stier und Stier

Stiere sind Herdentiere. Sie brauchen ihre Artgenossen, allerdings nur in einem gewissen Abstand. Sie sind selbst in der Gruppe Eigenbrötler, die keine Spielgefährten brauchen, sondern nur die Sicherheit ihresgleichen suchen. Kämpfe unter Stieren sind viel ernster als beispielsweise

Zeitgenossen. Für wendigere Sternzeichen mag er manchmal auf der langen Leitung stehen; doch in Wahrheit beobachtet er eine Situation nur sehr gründlich. Bedächtig analysiert er das Geschehen, um dann seine Schlüsse zu ziehen und sie mit aller Konsequenz umzusetzen.

Als Ehepartner oder Elternteil ist ein Stier von unschätzbarem Wert. Versteckt er sich anfänglich noch so gern hinter einer knurrigen Fassade, so entpuppt er sich mit der Zeit als zuverlässiger, geduldiger und aufmerksamer Freund und Partner. Solange er seine Ruhe hat, beschenkt und verwöhnt er seine Lieben, liest ihnen jeden Wunsch von den Augen ab und beschützt sie vor den Widrigkeiten des Lebens.

Diese Fürsorge hat jedoch auch ihre Schattenseite. So mag es immer wieder vorkommen, dass der Partner die umsorgende Hilfe des Stiers als einengend und Besitz ergreifend erlebt. Das wird auch durch die Neigung des Stiers verstärkt, sich selbst über Macht, Geld und Besitz zu definieren. Der Partner wird schnell zu seinem Objekt, ohne dass der Stier-Geborene dies böse oder abwertend meinen würde. Im Gegenteil, oft ist er bass erstaunt, wenn er mitbekommt, dass der Mensch an seiner Seite kein Leben als „Schmuckstück" führen möchte.

Der hoffnungsvolle Anfang

Auch wenn der Stier oft anzuecken vermag, in Gesellschaft wird er zum gewandten, charmanten Plauderer, der sich mit viel Feingefühl und Takt auf geselligem Parkett zu

☿ **Merkur im Stier:** Intellekt und Vernunft: Schätzt Fakten sachlich ab und erwägt sie sorgfältig, ist dabei allerdings ein wenig unflexibel und scheut die Veränderung.

unter Widdern. Dafür kommen sie aber auch viel seltener vor. Bei Menschen, die im Zeichen des Stiers geboren wurden, lässt sich Ähnliches beobachten. Treffen sie erstmals aufeinander, erkennen sie im anderen sofort die eigene Spezies und fühlen sich entsprechend wohl. Damit die Beziehung zwischen zwei Stieren jedoch auf Dauer Bestand hat, muss die Weide groß genug sein. Da sich beide stark über materielle Werte definieren, kommen sie mit einem knappen Haushaltsbudget unweigerlich ins Streiten. Doch solange keine „Überweidung" droht, werden die beiden Artgenossen in Freundschaft verbunden ein recht friedliches Leben zusammen führen.

Stier und Zwillinge

Auf den ersten Blick scheinen Stier und Zwillinge überhaupt nicht zusammenzupassen. Eifersucht trifft auf die Liebe zum Flirt, Besitzanspruch auf übermäßigen Freiheitsdrang, Stetigkeit auf zwanghafte Veränderung und die Angst vor Langeweile. Doch wie so oft, ist auch hier nicht alles ganz so, wie es zunächst ausschaut. Im materiellen Glanz eines erfolgreichen Stiers fühlen sich auch die Zwillinge recht wohl. Zudem vermag seine beharrliche Liebe in den unruhigen Jüngern des Merkurs so manche tiefe innere Wunde zu heilen. Damit eine solche Chance jedoch genutzt werden kann, muss der Stier

bewegen versteht. Er ist gerne unter Menschen, drängt sich jedoch kaum in den Vordergrund. Auf Partys finden Sie ihn eher am Rande, wo er mit sichtlicher Freude am Genuss teure Rotweine probiert oder sich auserwählte Häppchen sichert.

Doch bei allem Schliff, erwarten Sie nicht, dass dieser scheinbar so gesellige Mensch leicht zu verführen ist. Es wird Ihnen schwerlich gelingen, das Objekt Ihrer Begierde sofort abzuschleppen – es sei denn, Sie sind im Rotlichtmilieu unterwegs. Dort sind Stiere nämlich auf beiden Seiten überrepräsentiert – vermutlich, weil sie im Schutz der besonderen Spielregeln Leidenschaft entwickeln und trotzdem im Kern misstrauisch und unnahbar bleiben können.

Geht es um mehr als um ein gekauftes Schäferstündchen, müssen Sie einen Stier zunächst von Ihren Reizen überzeugen. Das erste Rendezvous arrangieren Sie am besten in einem kleinen, aber feinen Restaurant. Stiere lieben gutes Essen und hervorragende Weine, reagieren angenehm angeregt auf Kerzenschimmer und leise klassische Musik.

Was „Ihren Stier" tatsächlich in Fahrt bringt, ist jedoch recht schwierig abzuschätzen. Stier-Männer und Stier-Frauen entziehen sich handfesten „Gebrauchsanweisungen". Meist wird es Ihnen überhaupt nicht bewusst werden, was als wirkungsvolles erotisches Signal bei Ihrem Gegenüber ankommt. Vielleicht ist es Ihre Stimme, vielleicht Ihr Duft, oder die Art, wie Sie sich setzen. In jedem Fall wünscht sich der Stier eine Stimulation all seiner Sinne. Außerdem imponieren ihm so profane Dinge wie Schönheit, Macht und Geld.

Venus im Stier: Liebe und Leidenschaft: Ein Partner fürs Leben, treu, loyal und fürsorglich. Hin und wieder besitzergreifend und eifersüchtig, aber selbst beständig. ♀

zunächst seinen Hang zu übermäßiger Sparsamkeit und Eifersucht ablegen; und die Zwillinge müssen so viel Distanz zu sich selbst gewinnen, dass sie erkennen, wie der Stier an ihrer Seite ihre Stimmungen stabilisiert. Wenn diese Beziehung über den Status einer kurzen, heftigen Affäre hinauskommen soll, dann ist viel Arbeit an der eigenen Persönlichkeit gefragt.

Stier und Krebs

Stier und Krebs – Erde und Wasser. Wasser macht die Erde fruchtbar, zuviel davon trägt sie allerdings auch weg und zerstört alles Leben, das sie zuvor genährt hat. Ähnlich lässt sich das Verhältnis von Stier und Krebs sehen. Sind die beiden keine ausgesprochen extremen Spezies ihrer Gattung, kann man schon fast von einer idealen Kombination sprechen. Denn im Grunde drehen sich die Bedürfnisse der beiden um die gleichen Dinge, wobei ihre Charaktere unterschiedlich genug sind, um sich beim anderen nicht im Spiegel zu sehen. Daher verstärken sie ihre Schwächen nicht, wie dies oft Paare tun, die das Sternzeichen miteinander teilen. Ihre positiven Seiten ergänzen sich dagegen ideal. Der Stier ist stark, achtsam und beständig – und genau das braucht der Krebs. Der wiederum ist sparsam, häuslich und sensibel – und das gefällt dem Stier.

Einen Stier-Mann beeindrucken schöne Frauen, die er sich als leidenschaftlicher Sammler gerne zu eigen macht. Sie finden sich also besser gleich damit ab, mehr als Objekt denn als Partner an seiner Seite aufzutreten. Wählen Sie ein feminines, gepflegtes, leicht konservatives Outfit, und Sie werden seine volle Zustimmung ernten. Weiß kommt als Farbe besonders gut bei ihm an, rote Farbtupfer verfehlen bei ihm jedoch auch nicht ihre Wirkung. Eine Stier-Frau sonnt sich gerne im Prestige Ihres Begleiters und lässt sich verwöhnen. Greifen Sie allerdings nicht zu unangemessen teuren Geschenken. Dies könnte sie verwirren, denn als Stier schaut sie aufs Geld und hasst Verschwendung.

Sind Sie mit „Ihrem Stier" über die allerersten Anfänge hinaus, empfehlen sich Aktivitäten wie gemeinsames Singen. Wenn dies nicht nach Ihrem Geschmack sein sollte, dann probieren Sie es mit einer Ausdauersportart wie Radfahren oder Wandern. Ein Stier ist in der Regel sehr naturverbunden. Sie werden kaum Probleme haben, ihn in Wiesen und Felder zu locken. Schenken Sie ihm einen Schal für kühle Herbst- und Winterspaziergänge. Während sich andere Tierkreiszeichen von „bestrickenden" Anwandlungen leicht eingeengt fühlen, wird der praktische Stier dieses Präsent sehr wohl zu schätzen wissen. Wählen Sie ein flauschiges Material. Der Hals gehört zu den erogenen Zonen des Stiers. Wenn Sie ihm ihr Geschenk zum ersten Mal umlegen, können Sie ihm wie zufällig ordentlich einheizen.

Gleiches gilt, wenn Sie „Ihrer Stier-Frau" eine Perlen- oder Korallenkette um den Hals legen. Beide Schmuckstücke passen hervorragend zu ihr, und sie wird diese

♂ **Mars im Stier:** Tatkraft und Antrieb: Geduldig und ausdauernd, gibt so schnell nicht auf. Je größer das Problem, desto höher sein Einsatz – und im Bett kaum zu bremsen.

Stier und Löwe

Stier und Löwe scheinen nicht so recht zusammenzupassen. Es drängt sich das Bild von Büffeln auf, die sich instinktiv zum Schutz vor einem Löwen zum Kreis zusammenfinden. Auch bei den menschlichen Vertretern findet der Stier genug Gründe, um sich instinktiv zu verteidigen: Der Löwe ist für seinen Geschmack frivol verschwenderisch und viel zu egozentrisch. Trotzdem haben die beiden wichtige Berührungspunkte. So häuft der materiell orientierte Stier in seinem Leben Besitz an. Besitz bedeutet Macht und Macht wiederum gefällt dem Löwen. Der Stier schätzt die Stärke seines Löwen-Partners und wird ihm diese mit Bewunderung und Fürsorge vergelten. Hält der Löwe seine Paschaallüren nur halbwegs im Zaum, werden die beiden zum kongenialen Gespann. Zumal beide mit einem beachtlichen Hang zur Romantik und ihrer Vorliebe für gradlinigen, wenig experimentierfreudigen Sex sich auch auf dieser Ebene wunderbar verstehen.

Stier und Jungfrau

Stier und Jungfrau teilen sich das Element, die Erde. Nach allgemein akzeptierten astrologischen Grundregeln ist dies die tragfähige Basis einer idealen Partnerschaft. Praktisch veranlagt, tüchtig und mit einem Hang zu den materiellen Dingen

Berührung gleich doppelt zu schätzen wissen. Smaragde stehen ihr übrigens genauso gut – vielleicht krönen Sie damit einen traditionellen Ringwechsel. Stier-Frauen wissen die Kraft dieser alten Rituale noch zu schätzen. Nebenbei bemerkt: Auch Stier-Männer schmücken sich für ihr Leben gern. Gehen Sie nach einer solch großzügigen Geste mit dem Stier auf „Schnäppchenjagd", um Ihren Sinn für Sparsamkeit unter Beweis zu stellen, und Sie werden einen beständigen Partner an Ihrer Seite haben.

Der Eros des Stiers

Wo – so wie beim Stier – Leidenschaft und Ausdauer zusammentreffen, verspricht der Abend interessant zu werden. Bei allem Phlegma, das Stiere mitunter entwickeln, unter dem Eindruck der Liebe verwandeln sie sich in heißblütige Zeitgenossen. Ist die Leidenschaft erst einmal erwacht, bewegen sie sich geradlinig auf das Objekt ihrer Begierde zu. Für ein errötendes Zaudern oder einen neckischen Rückzug fehlt ihnen dann das Verständnis. Das mag zu dem Ruf des Stiers beigetragen haben, ein unromantischer Geselle zu sein.

Am besten kommen Sie einem Stier erst gar nicht mit modernen Schlagworten wie „dem Kampf der Orgasmusfixierung". Obwohl die gesamte Haut des Stiers eine einzige erogene Zone ist, hat er mit reinem Kuschelsex nicht viel am Hut. Der orgiastische Höhepunkt gehört für einen Stier zum Sex, so wie der Sex für ihn ausschlaggebender Bestandteil einer Beziehung ist.

Jupiter im Stier: Wachstum und Freiheit: Strebt nach Geld und Besitz, um es zu genießen. Luxus ist ihm ein Grundbedürfnis, die harte Realität hinterlässt oft Kratzer. ♃

dieser Welt teilen sie die wichtigsten Werte. Allerdings tun sie dies aus sehr unterschiedlichen Motiven, was ihnen zunächst die Perspektive auf ihre Gemeinsamkeiten verstellt. Der Stier sucht Nähe und Wärme, die Jungfrau muss zunächst die Distanz gewahrt wissen und erscheint deshalb kühl. Oft zu kühl, sodass der Stier nach den ersten Annäherungsversuchen resigniert seiner Wege zieht. Am besten läuft es, wenn sich die beiden auf rein verbaler Ebene begegnen. Beide schätzen ein gutes Gespräch und sind ebenso gute Zuhörer wie Redner. Sind sie sich dann endlich nahe genug gekommen, steht einer erfüllten Beziehung dieser bodenständigen Wesen nichts mehr im Weg – auch im Bett.

Stier und Waage

Stier und Waage, Erde und Luft: Eigentlich hätten sich diese beiden Zeichen nicht viel zu bieten, wäre da nicht die Venus, die sie beherrscht. So werden Sinnlichkeit, Romantik und Harmonie zu den tragenden Elementen dieser Partnerschaft. Probleme werden die beiden – wenn überhaupt – im Bett lösen. Sowohl der Stier als auch die Waage sind aufmerksame und einfühlsame Liebhaber, die das Geben und das Nehmen genießen können. Jenseits der Bettkante bietet der Stier der Waage jene Beständigkeit, die sie von ihrer Suche nach einem noch idealeren Partner abzubringen vermag. Es macht ihm nichts

Doch bis es so weit ist, wollen Stiere sorgsam umworben werden. Um sie erfolgreich auf Touren zu bringen, sollten Sie tunlichst alle Sinne Ihres Gegenübers ansprechen. Laden Sie „Ihren Stier" zu einem guten Essen bei sich zu Hause ein, kredenzen Sie Champagner, legen Sie schmeichelnde Musik auf und benutzen Sie ein betörendes Parfüm oder Rasierwasser. In diesem Stadium dürfen Sie ruhig zu einer gehörigen Portion Romantik greifen. Egal, ob Mann oder Frau, ein Stier weiß einen Abend bei Kerzenlicht oder am offenen Kamin zu schätzen. In einer solchen Atmosphäre werden Sie staunen, wie romantisch ein Stier in seiner fürsorglichen Art werden kann.

Wenn Sie dann noch ein Bärenfell für seine empfindsame Haut bereithalten, seine Brust und seinen Rücken mit Rosenöl einreiben, Hals und Schultern mit einer Feder kitzeln oder den Champagner von seinem Körper lecken, katapultieren Sie sich direkt in das Epizentrum eines erotischen Wirbelsturms. Lassen Sie sich nicht täuschen, wenn der Stier seine Augen bis auf Schlitze zusammenzieht und mit an Faulheit grenzender Passivität Ihre Streicheleinheiten genießt. Im Auge eines Orkans geht es bekanntlich trügerisch ruhig zu.

Der Stier-Mann

Stier-Männer haben es in jungen Jahren oft schwer. Mit ihrer kurzen, häufig gedrungenen Gestalt und der breiten, aber nicht hohen Stirn entsprechen sie nicht den landläufigen Schönheitsidealen und gewinnen erst mit dem Alter, wenn zwischen grauen

♄ **Saturn im Stier:** Verantwortung und Sicherheit: Vertrauenswürdig und beständig wirkt er mitunter schwerfällig. Entscheidungen werden gründlich überdacht.

aus, sie im Mittelpunkt des Interesses stehen zu sehen, solange sie nicht zuviel flirtet. Außerdem sorgt er dafür, dass die Kasse stimmt, was der Waage ebenfalls eine nicht zu unterschätzende Lebensqualität vermittelt. Da beide gerne reden und auch sonst viel miteinander unternehmen, sind die Perspektiven dieser Beziehung günstig.

Stier und Skorpion

Einer Verbindung zwischen Stier und Skorpion werden nur geringe Aussichten zugebilligt. Dabei handelt es sich in Wahrheit um eine recht erfolgversprechende Angelegenheit.
Beides sind Wesen mit einer ausgeprägten Sexualität, allerdings mit unterschiedlichen Schwerpunkten. Der Stier steht für die erdverbunde Sinnlichkeit, der Skorpion für die metaphysische Erotik. So fügen sie sich im Bett zu einem harmonischen Ganzen zusammen.
Diese Harmonie kann eigentlich nur durch allzu extreme Ausprägungen der jeweiligen Charaktere gestört werden.
Der Stier ist dem Skorpion oftmals zu träge, der Skorpion dem Stier in Ausnahmefällen zu herrschsüchtig. Doch in der Regel versteht es der Stier recht gut, seinem stacheligen Partner die notwendige Auftrittsfläche einzuräumen.
Schließlich besitzt er ausreichend viel Phlegma, um die Ausritte des Skorpions ertragen zu können.

Schläfen ein distinguiertes Äußeres zum Vorschein tritt. Dann werden aus männlichen Mauerblümchen, die zu Babyspeck neigen, heiß begehrte Herzensbrecher, auf die Frauen fliegen.

Wenn Sie sich einmal so richtig verwöhnen lassen wollen, dann sind Sie bei einem Stier-Mann an der richtigen Adresse. Mit Bedacht wird er das Ambiente wählen und mit viel Liebe zum Detail perfekt arrangieren. Er wird das Licht dämpfen und leise Musik spielen. Es erregt ihn, seine Zunge einzusetzen, und so wird er seine Auserwählte vermutlich auch mit ihrer Hilfe in Stimmung bringen. Und während er den Champagner über ihre Haut perlen lässt, wird er selbst immer wieder einen genießerischen Schluck machen. Doch damit ist in den Augen eines Stier-Mannes das Vorspiel auch schon beendet, und es geht zielstrebig zur Sache.

Sein größtes Potential sind seine Kraft, seine Ausdauer und sein sicherer Instinkt, der ihn die Bedürfnisse der Partnerin erahnen lässt. In Kombination mit seiner Leidenschaft wird er zu einem Liebhaber, der seinesgleichen sucht.

Bei aller Leidenschaft ist der Stier jedoch auch ein Pragmatiker. Wundern Sie sich deshalb nicht, wenn der erregte Stier an Ihrer Seite plötzlich aus voller Fahrt abbremst und nach der Verhütung fragt. Ist diese nicht zu seiner Zufriedenheit geregelt, kann es sein, dass er laut schimpfend unter der kalten Dusche verschwindet.

Uranus im Stier: Veränderung und Bewegung: Ist auf dem Weg zum Ziel nicht aus der Ruhe zu bringen, auch wenn unerwartete Schwierigkeiten vor ihm auftauchen.

Stier und Schütze

Mit Stier und Schütze finden zwei notorische Sammler des Tierkreises zueinander. Doch während der Stier seine Sammelleidenschaft vor allem auf materielle Dinge lenkt, bevorzugt der Schütze ideelle. Würden sie ihre Besitztümer vereinen, brächten sie eine beachtliche Ausstellung zusammen. Doch leider, meist verweigern sie ein Zusammengehen, da ihnen die dazu notwendige innere Reife fehlt. Der Stier möchte herrschen, das liegt in seiner Natur. Doch dummerweise ist der Zentaur kein Haustier, und so stößt der Stier bald an die Toleranzgrenzen seines Partners. Eigentlich könnte der zu Engstirnigkeit neigende Stier durch den Schützen neue Perspektiven erschließen und sich der geistigen Führung seines Partners anvertrauen. Doch genau das Gegenteil passiert in der Praxis. Der Stier zerstört aus Angst vor dem Verlust seines Partners die Visionen des Schützen und vernichtet ihn dadurch gleich mit.

Stier und Steinbock

Hier trifft sich das Bodenständige des Elementes Erde gleich in zwei mächtigen, kraftvollen Vertretern des Tierkreises. Rational betrachtet, geht es den beiden sehr gut miteinander. Beide streben nach materiellen Besitztümern und Macht, beide haben ein ausgeprägtes

Die Stier-Frau

Stier-Frauen sind Verführerinnen in Person. Ohne große Gesten gelingt es ihnen, das Objekt ihrer Begierde in Schwung zu bringen. Doch sie brauchen Vertrauen und Vertrautheit. Überfordern Sie eine Stier-Frau nicht mit zu ausgefallenen Ideen, was Ort oder Art Ihres Liebesspieles angeht. Überlassen Sie lieber Ihrer Partnerin die Initiative. Sie werden sehr schnell merken, wie geschickt sie es versteht, Ihnen unterschwellig begreiflich zu machen, was sie möchte.

Einen großen Teil ihrer erotischen Stimulation bekommen Stiere über die Haut. Deshalb ziehen sich Stier-Frauen besonders gerne an, wo andere sich ausziehen. Diese Jüngerinnen der Venus lieben seidige Negligés, Spitzenunterwäsche und andere Dessous. Aber auch einer breit behaarten Männerbrust oder einem stacheligen Bart können sie einiges an erotischer Lust abgewinnen. Dabei darf der Partner ruhig ein wenig ins Schwitzen geraten. Stier-Frauen lieben das Animalische; und dazu gehört eben auch der richtige Geruch.

Das schnelle Ende

Sobald Ihnen dämmert, dass Sie „Ihren Stier" wieder loswerden möchten, sind schnelle Entschlüsse gefragt. „Lieber heute als morgen", heißt die Devise. Je länger Sie warten, desto beharrlicher bleibt der Stier an Ihrer Seite.

♆ **Neptun im Stier:** Vorstellungskraft und Intuition: Spürt die eigenen Bedürfnisse ebenso gut wie die seiner Umgebung und setzt sich für deren Erfüllung ein.

Sicherheitsbedürfnis. Der Stier genießt für den Geschmack des Steinbockes vielleicht zu gern, doch echte Probleme werden im materiellen Bereich kaum auftauchen. Zumal die Geduld des Stieres und der Ehrgeiz des Steinbockes sie auch beruflich zu einem kongenialen Team zusammenschweißen. Doch das wäre es auch schon an Gemeinsamkeiten. Kommen Liebe und Erotik ins Spiel, neigen beide dazu, stocksteif und ratlos im Eck zu stehen. Um der Liebe willen umziehen? Den Job wechseln? Um so weit zu gehen, muss es bei beiden weit kommen. Doch zum Glück ist der Stier ausdauernd und geduldig, so dass die anfängliche Unbeweglichkeit oft überwunden werden kann.

Stier und Wassermann

Im Grunde findet der Stier den Wassermann interessant. Und eigentlich glaubt er auch, sich diesen luftigen Gesellen ganz gut zurechtbiegen zu können. Aber damit übernimmt sich der erdgebundene Stier dann doch etwas. Er kann den Höhenflügen des Wassermanns nicht folgen. Aber genau das wäre notwendig, um dieses komplexe Wesen einzufangen. So reden die beiden – sofern sie es doch probieren – beharrlich aneinander vorbei, ohne es überhaupt zu bemerken.

Würden sie einander zuhören, könnten sie allerdings eine Menge lernen. Der Stier würde bei-

In der Anfangsphase können Sie es mit den üblichen Methoden versuchen. Irritieren Sie Ihren Stier ordentlich. Ändern Sie dreimal stündlich Ihre Meinung und dreimal täglich Ihre Pläne. Verreisen Sie kurzfristig, ohne Ihren Partner vorzuwarnen. Gehen Sie jeden Abend weg, ziehen Sie sich schlampig an, beginnen Sie, ihn im Bett herumzukommandieren, oder stacheln Sie seine Leidenschaft an, um dann achselzuckend zu einer Verabredung zu verschwinden.

So viel Mühe Sie sich mit diesen Spielchen auch geben, es kann durchaus sein, dass Ihnen kein Erfolg beschieden ist. Hat sich der Stier nämlich bereits zu stark an Sie gewöhnt, wird er trotz aller Ärgernisse in der Beziehung ausharren. Dann werden Ihre Strategien zum Bumerang. Statt zu gehen, zieht sich ein frustrierter Stier in sich selbst zurück. Dann können Sie ihn nur noch für gelegentliche Zornausbrüche zum Vorschein locken.

Es gibt allerdings ein hundertprozentig wirksames Mittel, einen Stier loszuwerden. Nur sollte es wirklich die letzte Wahl sein, denn es kann eine ganz gefährliche Eigendynamik entwickeln. Machen Sie „Ihren Stier" eifersüchtig. Wenn Sie noch eins draufsetzen wollen, dann geben Sie mit einem anderen das Geld Ihres ungeliebten Partners aus. Sie sollten sich allerdings in Sicherheit bringen, wenn Sie zu solchen Mitteln greifen. Ein wutentbrannter Stier schreckt auch vor körperlicher Gewalt nicht zurück. Und glauben Sie nicht, Sie könnten sich mit ihm kurze Zeit später wieder versöhnen, weil er Ihnen aus der Ferne wieder attraktiv erscheint. Ein gehörnter Stier ist unversöhnlich.

Pluto im Stier: Transformation und Neubeginn: Schätzt materielle und emotionale Sicherheit und trachtet dabei vor allem nach Macht und Geld als Lebensbasis. ♇

spielsweise bemerken, dass er diesen Partner nicht unbedingt so festhalten muss, wie er es gewohnt ist. Denn der Wassermann braucht zwar seine Freiheit, nutzt sie jedoch kaum für Seitensprünge oder andere Loyalitätsbrüche. Doch so weit kommt es nur in Ausnahmefällen, etwa dann, wenn Stier und Wassermann durch ein gemeinsames Feuerkind verbunden sind.

Stier und Fische

Auch ein Stier beginnt verzückt zu tänzeln, wenn er an die Liebesnächte denkt, die er mit den Fischen verbracht hat. In ihnen fand er ein dankbares Publikum für seine sinnlichen Begabungen, ja mehr noch, dieses Wesen fühlt sich nicht degradiert, wenn man es zum Objekt der eigenen Lust macht. Nach solch grandiosen Nächten geht es auch im Alltag bei den beiden recht harmonisch zu. Der Stier stellt den Fischen gern seine Schulter als Stütze zur Verfügung, zeigen sie doch deutlich, dass sie Sicherheit und ein gemütliches Heim genau wie er zu schätzen wissen. Zum Dank stellen sich die Fische auf den Stier ein – mit einer Ausnahme allerdings. Mit seiner Sparsamkeit wissen die Fische nichts rechtes anzufangen. Zwar beschenkt er sie durchaus großzügig. Doch wollen sie selbst Geld ausgeben, wird er in ihren Augen krankhaft geizig. Nun, um des lieben Friedens willen werden die Fische lernen, auch damit umzugehen.

Die Zwillinge und die Liebe

Optimistisch, fröhlich, lebensbejahend und kontaktfreudig – so präsentieren sich die Zwillinge quer durch die gängige Astro-Literatur. Ein „Hans Dampf in allen Gassen", etwas launisch und nicht ganz ernst zu nehmen, aber unwiderstehlich sympathisch. Das liest sich vor allem für die Betroffenen gut, entspricht jedoch nicht den Tatsachen. Ein Zwilling besteht, wie es der Name bereits nahelegt, aus zwei selbstständigen Hälften, die sich in der Regel diametral gegenüberstehen.

Normalerweise präsentieren Zwillinge in neuer Gesellschaft ihren geistreichen, lebhaften und amüsanten Teil. Charmant plaudern sie sich von der Quantenphysik durch die Zinspolitik der Bundesbank bis zur neuen Modediät, streifen dabei jeden nur denkbaren Standpunkt und lassen keine geistreiche Formulierung aus. Sie zeigen sich von ihrer luftigen, leichten, fast schon oberflächlich anmutenden Seite. Wer einen Zwilling so kennenlernt, muss ihn für einen Glückspilz des Lebens halten. Doch Vorsicht, verwechseln Sie dieses zur Schau gestellte Selbstbewusstsein der Zwillinge nicht mit Selbstliebe. Denn daran mangelt es ihnen gewaltig. Sein ganzes Leben hindurch muss dieser Zerrissene erleben, wie die Ansprüche eines Teiles in ihm vom anderen Teil zunichte gemacht werden. Sein brillanter Verstand mag die kreativsten Ideen hervorbringen, geht es an die Umsetzung, hat ihn seine Handlungsschwäche bereits weitergetragen.

Der tiefste Graben reißt im Zwilling jedoch auf, wenn sein überaus scharf entwickelter Intellekt und seine feine Intuition für die irrationalen Ebenen dieser Welt aufeinanderstoßen. Dann wird der Luftikus von seinen beiden Polen nahezu in der

Mond in den Zwillingen: Stimmungen und Gefühle: Neigt zu abrupten Stimmungsschwankungen, was der Umgebung ganz schön zu schaffen machen kann.

Zwillinge und Widder

Zwillingen, die an einen Widder geraten sind, kann man nur gratulieren. Mit ihm bekommen die Zwillinge einen Partner, der ungeheuer viel Tatkraft und Zielstrebigkeit in die Beziehung einbringt. Sofern Zwillinge überhaupt die Chance haben, ihr Ziel im Auge zu behalten, dann mit ihm an ihrer Seite.
Zwillinge lassen sich auch von der drängenden, Besitz ergreifenden Sexualität des Widders nicht beirren. Sollte es ihnen zu viel werden, flüchten sie kurzfristig in die Rolle des Dulders und schieben mit ungeheurem Genuss und dem fast schon obligaten Augenzwinkern die eigene Grenze noch einmal heraus. Selbst mit der Streitbarkeit des Widders kommen die Jünger und Jüngerinnen Merkurs vergleichsweise gut zurecht. Fanatische Standpunkte werden sie bei ihrem Partner zwar nicht akzeptieren, doch zur Not greifen sie eben zu einer List, um sich gegen den stärkeren Widder durchzusetzen.

Zwillinge und Stier

Zwillinge, die ihre charmante, lebenslustige und optimistische Seite aktivieren, können jedes Lebewesen bezaubern. Man soll also nicht sagen, Stier und Zwillinge gingen achtlos aneinander vorbei. Eigentlich ist das sogar so gut wie ausgeschlossen, denn der Stier hat für gepflegte Kom-

Luft zerrissen. Aus diesem Dilemma kommt er nur heraus, wenn er lernt, bewusst zu erkennen, welcher Zwilling gerade bei ihm die Oberhand hat und ebenso bewusst entscheidet, ob er ihn lässt oder ob er besser den anderen hervorholt. Gelingt ihm das, dann wird er zu jenem amüsanten, lebensbejahenden und charmanten Wesen, das uns aus den Astro-Büchern bekannt ist.

Die Zwillinge als Partner

Die beiden Zwillings-Aspekte sind merkwürdige Wesen. Der eine hasst Langeweile und Pflichterfüllung und geht Anstrengung, wo er nur kann, aus dem Weg. Es ist jener Pol, der den Zwilling zu einem unzuverlässigen, verantwortungslosen Zeitgenossen macht. Der diametrale Aspekt verfolgt dagegen eherne Ideale. Sehr viele Zwillinge überwinden daher ihre Abneigung gegen Mühe und Pflicht und werden zu extrem ehrenhaften Menschen – bis zu jenem fatalen Augenblick, wo sie feststellen, dass sie ihre eigenen Ideale ohnehin nicht erreichen. Dann kommt Merkur, ihr wendiger Planetenpate, zum Vorschein. Der Götterbote, dessen Karriere im Olymp als Gott der Diebe und Lügner begann, sucht flugs nach einem Ausweg und scheut dabei auch nicht vor Halbwahrheiten, Intrigen oder Ausflüchten zurück.

Dem einen Zwilling ist dies alles bewusst, und er hasst sich dafür; doch der andere Zwilling kann ganz einfach nicht anders. So kippt der Mensch, der beide in sich vereint, leicht ins Neurotische, und sein Hang, nicht nur anderen, sondern auch

Merkur in den Zwillingen: Intellekt und Vernunft: Ein brillanter Denker – logisch, geistreich und scharfsinnig, mitunter aber auch unkonzentriert und oberflächlich.

munikation und geselliges Zusammensein sehr viel übrig und wird sich den sprühenden Zwillingen gerne als aufmerksamer Zuhörer zur Verfügung stellen. Die Ergebenheit eines verliebten Stiers kann in einem Zwilling tiefe Sehnsüchte nach Beständigkeit auslösen. Denn obwohl der Luftikus scheinbar genießt, von Idee zu Idee, Situation zu Situation, Partner zu Partner unterwegs zu sein, so leidet er doch unter seinen unbeständigen Eskapaden. Dann kommen Selbstzweifel, die ein Stier mit seiner Liebe zu heilen vermag. Zuviel Dankbarkeit sollte er jedoch nicht erwarten. Sind die Zwillinge aus ihrer Depression aufgetaucht, kann alles schon wieder ganz anders sein – bis zum nächsten Mal.

Zwillinge und Zwillinge

Wenn Zwillinge und Zwillinge aufeinandertreffen, bekommt die Umgebung was zu hören. Manchmal reden sie gleichzeitig, um Zeit zu sparen. Wer deshalb jedoch glaubt, die Verbindung sei zum Scheitern verurteilt, irrt. Da sie ebenso gute Zuhörer sein können, nehmen die beiden einander durchaus wahr. Plötzlich haben sie einen Menschen vor sich, der wie sie zu ewiger Wanderschaft verurteilt ist, der ambivalente Gefühle in eindeutigen Situationen kennt, der Verständnis für plötzlich auftretende Wechselbäder der Gefühle aufbringt. Ihre Beziehung bleibt bis ins hohe Alter jung, frisch und interes-

sich selbst etwas vorzugaukeln, verleiht ihm oft etwas Paranoides. Derartige Fluchttendenzen stellen die Partner von Zwillingen vor eine schwierige, jedoch keinesfalls unlösbare Aufgabe. Wird der wendige, wanderlustige Geist der Zwillinge ausreichend beschäftigt, verwandelt sich der Luftikus häufig in einen besonders angenehmen Partner. Dann kehrt er nämlich Eigenschaften wie seine Anpassungsfähigkeit, seine Diplomatie und seine Vermittlungsfähigkeit auch im Dienste der Partnerschaft heraus.

Der hoffnungsvolle Anfang

Zwillingen begegnet man dort, wo das Wort regiert. Lesesäle, Bibliotheken, Buchhandlungen, Universitäten, Verlage, unter Umständen auch Museen und Postämter sind Orte, wo sich diese wortgewandten Wesen besonders wohlfühlen. Auf Partys drängen sie sich in die Gesprächsrunden und vernachlässigen Tanzfläche und Buffet. Und im Büro scharen sich meist eine Reihe Kollegen um sie.

Wollen Sie ihre Aufmerksamkeit erregen, müssen Sie mit ihnen reden. Zwillinge reagieren auf verbale Reize deutlich besser als auf optische. In der Öffentlichkeit kann das jedoch zu einem schwierigen Unterfangen werden. Sollten Sie durch die Schar der Bewunderer nicht zu dem Objekt Ihrer Begierde durchdringen, dann rufen Sie es doch einfach an. Von Zwillingen werden Sie kaum zu hören bekommen, dies sei kein Thema fürs Telefon. Im Gegenteil, mit dem Hörer am Ohr und der räum-

Venus in den Zwillingen: Liebe und Leidenschaft: Der letzte „einsame Wolf" unter den Partnersuchenden, der ständig Ausschau nach neuen Abenteuern hält. ♀

sant. Da sollte man annehmen, dass sich bei solch einem regen Paar auch im Bett viel tut. Doch das ist nicht der Fall. Zwillinge brauchen die Stimulans ihres Partners. So kann es durchaus vorkommen, dass ein Zwillingspaar wie Brüderlein und Schwesterlein durch die Welt zieht – und sich dabei hervorragend amüsiert.

Zwillinge und Krebs

Zwillinge und Krebse verbindet ihre Liebe zum Wort. Beide sind charmante, geistreiche und spitzfindige Plauderer, die in der Lage sind, ihr ganzes Leben in einem einzigen, immerwährenden, anregenden Gespräch miteinander zu verbringen. Ob man den beiden zu ihrer Beziehung gratulieren will, ist allerdings Geschmacksache. Denn auch diese Kombination steht unter dem asexuellen Vorzeichen von Brüderchen und Schwesterchen – oder wenn der Krebs eher seine mütterliche als seine kindliche Seite entwickelt, unter jenem von Mutter und Kind. Zwillinge kommen ohne erotische Impulse von außen viel zu selten auf die Idee, dass da ja noch was wäre. Doch da die Fähigkeit des Krebses, mit wenigen Handgriffen eine romantische Atmosphäre zu schaffen, bei Zwillingen verschwendet ist, wird seine Initiative im Keim erstickt. Das heißt allerdings nicht, dass sich die beiden miteinander langweilen. Sie verzichten nur mehr oder weniger bewusst auf den großen erotischen Kitzel.

lichen Distanz kann man sich ihnen emotional sehr viel besser nähern als auf jede andere Weise.

Zwillinge tauchen grundsätzlich als Doppelwesen auf. Nur zu Beginn Ihrer Beziehung werden Sie es ausnahmsweise mit einem Zwilling zu tun bekommen. Verwirrt werden Sie feststellen, wie gekonnt und gezielt Sie dieses Wesen verzaubert. Doch Vorsicht, dieser Zwilling betört aus reiner Gewohnheit und verspricht deshalb oft, was er keinesfalls zu halten gedenkt. Er schließt leicht Freundschaft, erfasst blitzschnell Ihre Wünsche und Bedürfnisse und unterhält Sie einen wunderbaren Abend lang. An einer längeren Beziehung scheint er jedoch wenig Interesse zu haben.

Doch hier ist nochmals Vorsicht vor falschen Schlüssen angesagt. An diesem Punkt kommt nämlich der andere Zwilling ins Spiel, der mit seinen dunkleren, ungeduldigeren Aspekten und seiner mangelnden Selbstliebe das alter Ego weitertreibt. In solchen Fällen hilft nur eines: Machen Sie „Ihre Zwillinge“ neugierig. Präsentieren Sie sich rätselhaft, deuten Sie verborgene Tiefen an, lassen Sie sie im Ungewissen, was Ihre Gefühle angeht, und erzählen Sie ihnen nie vorher von Ihren Plänen für den Abend.

Suchen Sie für Ihre ersten Begegnungen die Phantasie anregende Orte aus. Gehen Sie mit „Ihren Zwillingen“ auf eine Rätselrallye, einen Maskenball oder besuchen Sie gemeinsam ein Erlebnislokal. Oder noch besser, machen Sie alles drei nacheinander. Dabei muss es weder das teuerste Restaurant sein noch der aktuellste In-Treff. Zwillinge fühlen sich auch in abgelegenen, unbekannten Kneipen wohl – vor-

♂ **Mars in den Zwillingen:** Tatkraft und Antrieb: Ein geborener Vertreter, der Eskimos Kühlschränke verkauft. Allerdings fehlt mitunter der Zug zum Tor, weil anderes lockt.

Zwillinge und Löwe

Eine Verbindung von Zwillingen und Löwe entspricht vermutlich aufs Haar dem Bild unserer Mütter von einer guten Ehe: Der Mann, so hieß es vor noch nicht allzu langer Zeit, ist der Kopf einer Beziehung, die Frau dagegen der Hals. Der Kopf sagt, wo es langgeht; aber der Hals dreht ihn in die richtige Richtung. Genauso funktioniert es mit den Zwillingen und dem Löwen. Die Zwillinge überlassen dem Partner gerne die Rolle des Kopfes, und der sonst mitunter eigensinnige Löwe lässt sich bereitwillig manipulieren.
Sieht man von der Eifersucht des Löwen ab, die von der Flatterhaftigkeit der Zwillinge genährt wird, haben die beiden ihre Schwierigkeiten mehr mit den gleichen Dingen als miteinander. Allerdings aus anderen Ursachen. Und da beide deutlich verschiedene Lösungsstrategien benutzen, können sie tatsächlich viel voneinander lernen. Die Chemie stimmt zwischen den beiden. Und das ist bekanntlich die Hauptsache.

Zwillinge und Jungfrau

Diese beiden ach so unterschiedlichen Jünger des Merkur besitzen nur eine einzige Chance, sich zu begegnen: auf intellektueller Ebene. Dort haben sie sich tatsächlich etwas zu sagen.
Doch vermutlich wird sich die Jungfrau schon bald enttäuscht abwenden. Muss sie doch leider

ausgesetzt, sie sind originell. Wenn möglich, wählen Sie den Mittwoch für Ihr erstes Rendezvous. Es ist der Tag der Zwillinge.

Doch egal, wann Sie mit ihnen wohin gehen und was Sie unternehmen: Es sollte immer die Gelegenheit für ungestörte Gespräche geben. Zwillinge sind bezaubernde Plauderer, aber ebenso gute Zuhörer. Klatsch und kunstvolle Spitzfindigkeiten lieben sie über alles. Mitunter geht mit ihnen jedoch der Wortwitz durch. Lassen Sie sich nicht irritieren, wenn Sie sich plötzlich im Zentrum der Ironie Ihres Gegenübers befinden. Es ist fast nie so gemeint, wie es klingen mag. Viele Zwillinge leben nach der Maxime „Lieber einen Freund verlieren, als auf eine geschliffene Antwort verzichten".

Der Eros der Zwillinge

Im Grunde ihres Wesens sind Zwillinge asexuelle Wesen. Das heißt jedoch beileibe nicht, dass ihnen Sex keinen Spaß machen würde oder dass sie ihn nicht bräuchten. Ganz im Gegenteil – viele Zwillinge erscheinen ihrer Umwelt erotisch nimmersatt.

Früh nehmen sie die ersten sexuellen Kontakte auf, und zahlreich sind die Namen auf der Liste ihrer Eroberungen. Doch werden sie nicht von Leidenschaft und Wollust getrieben, sondern von Neugierde und dem Drang nach Selbstbestätigung.

Was sich bei anderen im Bauch oder noch ein Stückchen tiefer abspielt, findet bei Zwillingen im Hirn statt. Sie schaffen sich ein Bild vom Objekt ihres Begehrens und kreieren dazu ein passendes Verlangen. Was dann stattfindet, kann man als

Jupiter in den Zwillingen: Wachstum und Freiheit: Hat viele Einfälle und Ideen und will dafür auch gelobt werden. Bleibt die Anerkennung aus, wird er böse. ♃

erkennen, dass ihr vielversprechender Gesprächspartner nur an der Oberfläche kratzt, während es sie selbst drängt, tiefer in die Materie einzudringen.

Doch das ist nur ein verhältnismäßig kleiner Teil des Problems: Jungfrauen fühlen sich in ihrer Existenz bedroht, sobald ihr Zwilling beginnt, das ihm eigene Chaos zu verbreiten. Dieser wiederum empfindet die Strategien der Jungfrau, seinen Wirbel zu ordnen, unerträglich.

Zudem dreht sich die Jungfrau angewidert weg, wenn die Zwillinge aus Herzenslust zu klatschen beginnen, und reagiert mit Zornausbrüchen, wenn sie zu phantastischen Höhenflügen abheben.

Zwillinge und Waage

Die Beziehung zwischen Zwillingen und einer Waage ist wahrlich eine luftige Angelegenheit. Beide Vertreter sind phantasievolle Wesen, die mit- und gegeneinander oft schon ins Fantastische abgleiten. Wenn sie es schaffen, die beiden Zwillingspole sowie die beiden Waagschalen zusammenzuspannen, dann sind sie in Sachen Kreativität und Kommunikation nicht so bald zu schlagen. Die Ideale sind heroisch und ihre Ideen originell bis zur Verschrobenheit. Nur leider wird kaum etwas, was dieses schillernde Gespann in seinen Köpfen ausbrütet, jemals das Licht der Welt erblicken. Denn in der Kombina-

Orgasmus im Kopf umschreiben – dass er seine Entsprechung im Bett findet, ist sozusagen ein Nebenprodukt. Laden Sie „Ihre Zwillinge“ zu Cybersex ein, und Sie werden nicht nur die angeborene Neugierde dieser Wesen befriedigen, sondern so perfekt wie eben möglich auf ihre ganz besondere sexuelle Ausprägung eingehen.

Unbefangen wie ein Kind vor der Pubertät neigen Zwillinge dazu, ihr Verlangen in Worte zu kleiden, ohne dass dabei groß von Emotionen die Rede wäre. Spricht ein Partner ähnlich unbefangen über seine Gefühle, können Zwillinge ungemein irritiert reagieren, obwohl sie sich dadurch auch sehr angezogen fühlen.

Arme, Schultern, Rücken und Brust sind die erogenen Zonen der Zwillinge. Begnügen Sie sich jedoch nach Möglichkeit nie mit einem einzigen Stimulans, Zwillinge vertragen deutlich mehr. Da sie auch eine Vorliebe für erotisches Spielzeug haben, sollte es Ihnen nicht schwerfallen, sich ständig etwas Neues einfallen zu lassen.

Außerdem bekommen Sie von Ihrem Bettgenossen jede erdenkliche Unterstützung. Nie wird er sich allein auf Ihr kreatives Potential verlassen. Und wenn ihm eine Idee kommt, dann geben Sie ihm das befriedigende Gefühl von Originalität und lassen Sie ihn gewären.

Der Zwillinge-Mann

Der Zwillinge-Mann ist ein ruheloser Wanderer von Bett zu Bett, obwohl auch ihn die pure Leidenschaft selten ins Schwitzen bringt. Er bleibt beim Liebesspiel gelassen,

♄ **Saturn in den Zwillingen:** Verantwortung und Sicherheit: Neigt zu Depressionen, weil er befürchtet, dass am Ende doch nichts bei seinen Plänen herauskommt.

tion von Zwillingen und Waage fehlen Tatkraft und Beständigkeit. Daher kann dieses Paar völlig orientierungslos durchs Leben treiben. Die Zwillinge mögen das ganz gut verkraften, die Waage fühlt sich hin und her gerissen. Mit seiner Sorglosigkeit, was Konsequenzen angeht, bringt sie ihr flüchtiger Genosse gänzlich aus der Balance.

Zwillinge und Skorpion

Vom undurchschaubaren Skorpion muss sich ein Zwilling fast zwangsläufig angezogen fühlen. Auf den ersten Blick wirkt dieser rätselhafte Zeitgenosse unwiderstehlich auf die Jünger des Merkurs. Er ist genauso neugierig wie sie und scheint sich ebenso auf einer ständigen Suche zu befinden. Aber mit den ersten Gesprächen kommen schon bald die ersten Irritationen. Zunächst sind es die eindeutigen, massiven erotischen Signale des Skorpions, die die Zwillinge verwirren. Aber sie wären nicht sie selbst, wenn sie nicht augenblicklich in die gewünschte Rolle schlüpfen könnten. Die erste Hürde wäre damit zumeist recht gut genommen.

Doch was danach kommt, kann nur schlechter werden. Der Skorpion gibt als Regisseur detaillierte Anweisungen, die „seine Zwillinge“ willig nickend zur Kenntnis nehmen, um dann doch das zu tun, wonach ihnen der Sinn steht. Kommt dann noch ihre Flatterhaftigkeit ins Spiel, ist die Krise perfekt.

will etwas sehen, beobachtet sich selbst und weiß, was er tut. Licht an, lautet seine Devise. Und wenn Sie ihm einen Spiegel über das Bett hängen, dann kann es sein, dass doch so etwas wie Wollust in ihm aufblitzt. Seinem angeborenen Voyeurismus können Sie auch mit Pornofilmen entgegenkommen. Rechnen Sie damit, dass er nicht auf deren Ende wartet, um selbst aktiv zu werden. Als doppeltes Wesen ist er sehr gut in der Lage, Sie zu lieben und gleichzeitig fernzusehen.

Das vermutlich Höchste der Gefühle ist für einen typischen Zwillinge-Mann jedoch, mit zwei Frauen gleichzeitig ins Bett zu gehen. Während er die eine befriedigt, kann er sich einen Teil der eigenen Lust verschaffen, indem er der anderen bei der Selbstbefriedigung zusieht. Was will ein Mann in doppelter Ausführung mehr?

Aus all diesen Gründen brauchen Zwilllinge-Männer Frauen, die imstande sind, für sich selbst zu sorgen und emotional auf sich aufzupassen. Nicht, dass sie unsensibel wären oder nicht genau wüssten, wie man einer Frau Gutes tut. Doch beim Liebesspiel nehmen sie ihre eigene Neugierde deutlich wichtiger als die Bedürfnisse und Gefühle ihrer Partnerin.

Unter Umständen müssen Sie ihn gelegentlich mit sanftem Nachdruck an Ihre Existenz erinnern. Doch keine Sorge. Was für andere Sternzeichen bereits eine unerträgliche Bevormundung bedeutet, stachelt beim Zwilling die notorische Neugierde auf das, was folgt, an. Dann ist er allerdings nahezu provokant in der Lage, Ihnen alles Weitere zu überlassen.

Uranus in den Zwillingen: Veränderung und Bewegung: Neues ist sein Element, damit kann er immerzu aufwarten. Der Umgebung geht die Puste aus.

Zwillinge und Schütze

In dieser Verbindung treffen zwei Gaukler aufeinander. Deshalb finden alle Beteiligten diese Verbindung zunächst super. Die Zwillinge bringen die Inspiration, die der Schütze in eine griffige Vision umbaut. Dann starten beide schwungvoll; doch leider ist die rechte Ausdauer weder den Zwillingen noch den Schützen beschieden. Das ambitionierte Projekt versandet binnen kürzester Zeit. Was bleibt, ist ein gerütteltes Maß Frustration. Die Zwillinge reagieren verärgert, der Schütze gelangweilt. Schließlich kann man sich das gut bekannte Gefühl des Scheiterns auch ganz allein bescheren. Die Verbindung driftet langsam, aber sicher auseinander. Zwillinge und Schützen sind sich im Geist jedoch meist so nah, dass sie selbst nach dem Scheitern ihrer Partnerschaft gute Freunde bleiben. Und das entspricht auch viel stärker ihrer wahren Natur. Warum den ganzen Zauber mit der Partnerschaft, wenn es freundschaftlich mindestens genauso gut geht?

Zwillinge und Steinbock

Wahrscheinlich ist es der pure Übermut, wenn Zwillinge versuchen, in das Leben eines Steinbocks einzudringen. Die uneinnehmbare Verteidigungsstellung reizt die Zwillinge, ihn zu bezwingen. So nehmen sie diesen unheilbaren Individualisten zunächst ganz in Beschlag. Dass

Die Zwillinge-Frau

Die Zwillinge-Frau ist nichts für Männer, die sich leicht verschrecken lassen. Gerne ergreift sie die Initiative und sagt geradeheraus, wonach ihr zumute ist. Plump wird sie dabei jedoch nie. Entweder verpackt sie derartig eindeutige Botschaften in ein spitzfindiges Wortspiel oder sie wartet einen passenden Augenblick ab, in dem sie völlig ernst, offen und unbefangen fragt, ob „es" denn nun möglich sei.

Sie liebt es, für ihr Liebesspiel in Rollen zu schlüpfen. Je nach Stimmung, Szenerie und Gegenüber mimt sie Dirne, Vamp oder Unschuld vom Lande. Und zwar völlig ungeniert, denn sie kennt keinerlei Scham. Das macht sie zweifellos zu einer ebenso interessanten Liebes- wie Gesprächspartnerin, auch wenn sie durch ihre Schauspielkunst auf Außenstehende manchmal herzlos wirkt.

Eine Warnung sei diesbezüglich tatsächlich angebracht: Bei allem Verlangen wahrt die Zwillinge-Frau innerlich Distanz. Und da ihr Sex letztlich nicht wirklich wichtig ist, verfügt sie über ein gut ausgestattetes erotisches Waffenarsenal. Mit dem verschafft sie sich dann auch bedenkenlos, was sie sich gerade in den Kopf gesetzt hat.

Von ihrem Liebhaber erwartet die Zwillinge-Frau nicht nur Zeit und Einfühlungsvermögen, sondern auch geistige Übereinstimmung. Von ihr könnte der Satz stammen: „Sex ist die Fortsetzung eines guten Gespräches mit anderen Mitteln." Daher muss man ihr auch keine Aussichten auf eine dauerhafte Beziehung versprechen, um in ihr Bett gelassen zu werden.

♆ **Neptun in den Zwillingen:** Vorstellungskraft und Intuition: Verführerisch überlässt er sich seiner Vorstellungskraft, um zuletzt Angst vor dem eigenen Mut zu bekommen.

dies nicht lange gut gehen kann, liegt auf der Hand. Der Steinbock mag zwar am Anfang der Beziehung von der Aussicht auf Abenteuer fasziniert sein, doch auf Dauer fühlt er sich überfordert und schaltet auf Abwehr, was wiederum die Zwillinge in Depressionen stürzt.

Auch im Bett ergeben die beiden ein problematisches Paar. Zunächst erscheint der Steinbock den Zwillingen viel zu reserviert. Bereitwillig schlüpfen sie in die Rolle des nimmersatten Verführers. Doch im Grunde ihres Wesens sind Zwillinge sexuell unerfahren wie Kinder. Die mitunter skrupellose Sexualität des Steinbockes überfordert sie daher oft bis an die Schwelle des seelischen Zerbrechens.

Zwillinge und Wassermann

Die Verbindung zwischen Zwillingen und Wassermann scheint unter einem glücklichen Stern zu stehen. Inspirierend und abwechslungsreich, leicht und luftig, so präsentieren sich die beiden dem staunenden Publikum. Gastgeber reißen sich um das lebenslustige Gespann, Freiberufler in kreativen Bereichen suchen ihre Nähe, um neuerlich inspiriert zu werden. Doch hinter den Kulissen sieht es weitaus weniger rosig aus, auch wenn das all jene nicht wahrhaben wollen, die für Verbindungen des gleichen Elements grundsätzlich positive Prognosen stellen. Doch gerade im Falle der Luftzeichen gehen

Das schnelle Ende

Zwillinge werden Sie relativ leicht wieder los. Sie müssen Ihren Gefährten nur ordentlich auf die Nerven gehen. Und da gibt es gleich eine ganze Palette von Möglichkeiten: Langweilen Sie „Ihre Zwillinge". Erzählen Sie langatmige, umständliche Geschichten, ohne auf die deutlichen Körpersignale der Ungeduld einzugehen. Wenn Sie es auf die Spitze treiben wollen, dann halten Sie Ihren unwilligen Partner fest und zwingen ihn, Sie anzuschauen. Auf Zwillinge wirkt dies wie Folter dritten Grades.

Reiten Sie fanatisch auf einem Standpunkt herum. Zwingen Sie Ihren Zwilling zur Hausarbeit und schreiben Sie ihm ein Haushaltsbuch vor. Sollte dies nicht möglich sein, weil Sie den heimischen Herd für sich beanspruchen, erzählen Sie ihm stundenlang, wie es derzeit um den Stoffwechsel des Babys bestellt ist. Schicken Sie ihn bei Elternsprechtagen zu den konservativen Blaustrümpfen, und schwärmen Sie ihm hinterher von Ihrem Besuch bei den musisch-kreativen Kollegen vor. Kritisieren Sie seine Verschwendungssucht.

Nach dem kaum zu vermeidenden Streit laden Sie ihn zur Versöhnung in die längste Wagner-Oper ein, die im Umkreis von 500 Kilometern gespielt wird.

Ziehen Sie seine neuesten Ideen ins Lächerliche oder zählen Sie ihm auf, welche seiner Pläne in der Vergangenheit gescheitert sind. Dann geht er sicher – und sucht Trost bei Mama oder Papa.

Pluto in den Zwillingen: Transformation und Neubeginn: Ein Leben des zyklischen Neubeginns – manchen wählt er, andere werden ihm von außen verordnet.

diese günstigen Zukunftsaussichten meilenweit an der Wirklichkeit vorbei. Ohne Korrektiv durch ein anderes Element neigen die Vertreter der Luft zum Entschweben. So hüpfen sie von Luftschloss zu Luftschloss und driften oft sogar unaufhaltsam in die Anarchie. In einem solchen Haushalt hat auch die beste Haushälterin keine Chancen.

Zwillinge und Fische

Das Zusammentreffen von Zwillingen und Fischen verspricht ersteren Spaß. Schließlich begegnen sie den gleichen leidenschaftlichen Schauspielern in doppelter Ausführung, die sie auch in sich selbst spüren. Außerdem halten die Fische neue, spannende Ausblicke für die Zwillinge bereit. Sie werfen alle bislang geltenden Werte über den Haufen, begeistern sie für spirituelle oder philosophische Fragen und führen sie in gänzliche neue Welten ein. Die Zwillinge reagieren total betört, zumal die freundliche Aufmerksamkeit der Fische in ihnen schnell das Missverständnis von Liebe aufkommen lässt.

Doch auf die Dauer schaufeln die Zwillinge das Grab dieser Beziehung. Sie plappern, wo sich die Fische Ruhe wünschen, brechen ihre Bemühungen um Führung und Unterstützung ab, wo die Fische sie am dringendsten bräuchten. Treten dann auch noch die erotischen Unterschiede zutage, ist der Ofen gänzlich aus.

Der Krebs und die Liebe

Haben Sie schon einmal einen Krebs beobachtet? Dieses geheimnisvolle Wesen, das scheinbar planlos hin und her irrt, um sich in Wahrheit in einem Bogen seinem Ziel zu nähern? Blitzschnell zieht es sich in seinen Panzer zurück, wenn ihm Gefahr droht und lässt sich ohne weitere Gegenwehr hin und her stoßen. Doch ebenso schnell fahren plötzlich die Scheren heraus, und es zwickt sich so fest, dass man es nur mit schweren Verletzungen loswird.

Bei kaum einem anderen Zeichen des Tierkreises lohnt es sich derart, zunächst die Spezies, die dem Zeichen seinen Namen gab, anzuschauen. Es sind ängstliche, leicht zu verschreckende Wesen. Sie haben sich an der Grenze zwischen Wasser und Land angesiedelt, sind in beiden Elementen zu Hause – allerdings in keinem vollkommen. Dieses Leben als Grenzgänger kann man auch am menschlichen Krebs beobachten. Einerseits ist die Welt des Wassers sein Zuhause. Es ist – in menschlichen Dimensionen ausgedrückt – eine Welt der Gefühle, der unterschwelligen Strömungen und Empfindungen, der nichtrationalen Gewissheit, der Entscheidungen „aus dem Bauch".

Der Mond ist der zweite wesentliche Bestimmungsfaktor im Leben eines Krebses. Er steht für alles Nährende, Empfangende, Unbewusste, für die Hingabe und die Geburt. Genau diese Eigenschaften begegnen Ihnen in einem Krebs, dem es gut geht. Er ist ruhig, hilfsbereit, großzügig und rührend besorgt um das Wohl seiner Lieben. Fantasievoll und sensibel, schwärmerisch und verträumt, wie er ist, kommt er mit den Widrigkeiten des Lebens nicht allzu gut zurecht. Rechnungen und Reparaturen, Kon-

Mond im Krebs: Stimmungen und Gefühle: Fürsorglich, aber auch besitzergreifend lebt er ein loyales, auf Familie und einen engen Freundeskreis bezogenes Leben.

Krebs und Widder

Das Wasser löscht das Feuer. Doch wer achtsam mit beidem umgeht, kann das Wasser auch dazu verwenden, das Feuer zu begrenzen. Mit diesem Bild vor Augen könnten Krebs und Widder diese herausfordernde Partnerschaft wagen, auch wenn auf den ersten Blick alles darauf ausgerichtet scheint, das Feuer des Widders zu löschen.
Der Widder hasst die Seitwärtsbewegungen des Krebses und wird bei dem fortwährend ausgesprochenen Wunsch nach Ruhe und Beschaulichkeit rasend. Interessanterweise probieren sie es trotzdem immer wieder miteinander, vermutlich, weil sie im ersten Augenblick eine starke erotische Anziehungskraft aufeinander ausüben. Doch ist bei den ersten leidenschaftlichen Begegnungen Vorsicht angebracht. Die fordernde Direktheit des Widders macht dem Krebs Angst. Andererseits glaubt der Widder an ein böses Spiel, wenn der Krebs mit zierlichen Seitenschritten die Spannung erhöhen will.

Krebs und Stier

Krebs und Stier sind eine unspektakuläre, stille Kombination, die viel Erfolg verspricht. Der Krebs kann sich bedenkenlos an seinen Partner anlehnen, ohne befürchten zu müssen, dass dieser umfällt oder im nächsten Moment wegläuft. Der Stier hilft dem Krebs bei der Bewältigung der

flikte und andere Belastungen des praktischen Alltags vermögen einen Krebs völlig zu überfordern. Als Wesen des Wassers und des Mondes darf man sich nicht wundern, dass der Krebs starken Rhythmen unterliegt. Eine Ausprägung ist sein periodischer Wandertrieb, der ganz im Gegensatz zum verbreiteten Bild des häuslichen Krebses steht. Doch ist seine Reise nie ein Aufbruch zu neuen Ufern, er kehrt immer wieder nach Hause zurück.

Der Krebs als Partner

Leicht wird Ihr Leben mit einem Krebs-Partner an Ihrer Seite nicht verlaufen. Das empfindsame Wesen kann nämlich selbst recht grob werden, wenn es von seinen Launen geschüttelt wird. Aber sei es drum, bedenken Sie immer: Letztlich entscheiden nur Sie, worüber Sie sich ärgern. Versuchen Sie jedenfalls nicht, „Ihren Krebs" umzuerziehen. Es könnte leicht passieren, dass Sie sich plötzlich von seinen harten Scheren in den Griff genommen fühlen.

Um sich selbst das Leben zu erleichtern, sollten Sie sich mit einigen Dingen von vornherein abfinden: Planen Sie Urlaubsfahrten grundsätzlich nur noch per Auto. Bahn oder Flugzeug würden Sie verpassen. Zahlen Sie Ihre Rechnungen selbst ein, der Krebs würde es vergessen. Und gewöhnen Sie sich daran, immer wieder die unmöglichsten Typen in Ihrer Wohnung anzutreffen. Schließlich hat der Krebs den merkwürdigen Drang, den absonderlichsten Gestalten helfen zu wollen.

☿ **Merkur im Krebs:** Intellekt und Vernunft: Eine blühende Fantasie führt mitunter auch zu Stimmungsschwankungen und schwer nachvollziehbare Launen.

praktischen Dinge im Leben und weiß seinen Hang zur Romantik zu schätzen.
Beide sind gern in Gesellschaft, lieben Bequemlichkeit und hassen Hektik. Sie sind sich so ähnlich, dass sie sich mit ihren Bedürfnissen nur ab und zu in die Quere kommen, jedoch unterschiedlich genug, um sich nicht ständig gegenseitig einen Spiegel vorzuhalten. Vermutlich ist das auch das Erfolgsrezept ihrer harmonischen, friedlichen Beziehung.
Kritisch wird es nur, wenn den Krebs sein Wandertrieb erfasst. Dann reagiert der Stier mit rasender Eifersucht.

Krebs und Zwillinge

Die Verbindung zwischen Krebs und Zwillingen ist eine Angelegenheit zwischen Kumpeln. Der Krebs will vor allem kuscheln und schmusen; den Zwillingen fehlen beim Krebs die erotischen Impulse von außen. Wortgewandt wie beide sind, werden ihnen die Abende trotzdem nicht langweilig.
Doch in der Liebe zum Gespräch liegt auch die größte Gefahr für diese Beziehung. „Lieber einen Freund verlieren als auf einen guten Witz verzichten" mag die Devise vieler Zwillinge lauten. Für den Krebs ist das zu stark. Er kann nicht erkennen, dass die spitzfindige Ironie seines Part-

Wenn Sie zu solchen kleinen Kompromissen bereit sind, locken wahre Belohnungen. Krebs-Männer haben kaum Macho-Allüren, Krebs-Frauen erwarten nicht, in Pelze gehüllt und mit Diamanten behängt zu werden. Einen Haken haben diese Frauen allerdings: Sie möchten geheiratet werden, auch wenn sie es nicht so direkt sagen.

Denken Sie jedenfalls beständig daran, dass Sie es mit einem (über)sensiblen und leicht beleidigten Zeitgenossen zu tun haben. Vor allem der weibliche Krebs scheint ständig nach einem Beweis mangelnder Liebe zu suchen. Hat sie vermeintlich einen gefunden, zieht sie sich schmollend in ihren Panzer zurück, aus dem sie Wochen nicht hervorzulocken ist. Auch Krebs-Männer heiraten ganz gerne – vor allem in Jugendjahren. Doch Vorsicht! Bei aller Treue und allem Sicherheitsbestreben geraten Krebs-Männer leicht in einen zweiten Frühling. Und dann erwacht ihr Wandertrieb.

Der hoffnungsvolle Anfang

Wenn Sie sich mit einem Krebs zum ersten Mal verabreden, sollten Sie tunlichst einen Treffpunkt vereinbaren, der vor Wind und Wetter geschützt ist. Es ist weder Desinteresse noch Ignoranz, aber das Objekt Ihrer Begierde wird sich vermutlich kräftig verspäten. Seien Sie ihm also nicht böse. Das Beste wird sein, Sie betrachten diese notorischen Verspätungen liebevoll als Marotte, die der Unfähigkeit des Krebses entspringt, mit den Pflichten des Alltags zurechtzukommen. Ärgern Sie sich nicht,

Venus im Krebs: Liebe und Leidenschaft: Im Idealfall ein liebevoller, anhänglicher und fürsorglicher Partner, der nach seinen Wanderzyklen immer wieder zurückkehrt. ♀

ners nicht ihm persönlich gilt. Ist das Unglück passiert, so erkennen die Zwillinge zwar ihren Fehler. Trotzdem werden sie ungeduldig, wenn der Krebs für Monate in seinem Schmollwinkel verschwindet. Haben die beiden jedoch gelernt, mit Verletzlichkeit und Ironie umzugehen, liegt eine große Chance in dieser Kombination.

Krebs und Krebs

Stoßen zwei Krebse aufeinander, kommt es stark darauf an, wie sie mit ihrem Spiegelbild zurechtkommen. Das kann gut gehen, muss es aber nicht. Grundsätzlich verstehen sich die sensiblen, einfühlsamen und vorsichtigen Wesen sehr gut. Auch im Bett klappt es hervorragend, weil jeder die Grenzen des anderen kennt und weiß, welche „Knöpfe" er drücken muss. Allerdings wird es dauern, bis es so weit ist, da der Krebs-Mann zunächst vergeblich auf ein Zeichen von ihrer Seite wartet. Vermutlich geht das Paar den reizvollen Umweg kuscheliger Abende – in aller Freundschaft, versteht sich.

Doch wehe, diese empfindsamen und empfindlichen Seelen schnappen ein. Dann enden Gespräche schnell im Fiasko und beide ziehen sich beleidigt auf unabsehbare Zeit in ihre Panzer zurück. Wollen sie gemeinsam alt werden, bleibt ihnen daher nichts anderes übrig, als sich in Konfliktbewältigung und Streitkultur zu üben.

laden Sie sich lieber gleich zum Krebs nach Hause ein. Das hat mehrere Vorteile: Das Heim eines Krebses ist in der Regel besonders anheimelnd, der Krebs ist ein ebenso guter Gastgeber wie Koch, und letztlich fühlt er sich in den eigenen vier Wänden auch deutlich wohler – das wird seinen Wagemut steigern, wenn Sie sich ihm nähern.

Bedrängen sollten Sie den Krebs nicht. Er liebt den Zickzack-Gang: zwei Schritte vorwärts, einer zurück. Und genauso will er sich der Liebe nähern. Jede direkte Aufforderung ist für ihn ein Affront. Pflegen Sie lieber das Gespräch. Der Krebs ist ein charmanter Plauderer und ein hinreißender Zuhörer. Mit seinem Gefühl für Schwingungen und für Verborgenes wird er Perspektiven aus Ihren Erzählungen hervorzaubern, die Ihnen bislang selbst noch nicht aufgefallen sind. Fragen Sie ihn ruhig um Rat – das liebt er. Und loben Sie seine Vorschläge; dieses Sternzeichen ist von Lob und Anerkennung besonders abhängig. Erwarten Sie dagegen nicht, dass er Ihnen an einem der ersten Abende zuviel von den eigenen Angelegenheiten und Gefühlen erzählt. Dafür muss er zunächst Vertrauen fassen. Und vermeiden Sie jedenfalls, von Ihren alten Liebschaften zu erzählen.

Beobachten Sie den Krebs sorgfältig. Irgendwann werden Sie vermutlich feststellen, dass ihn sein periodischer Wandertrieb erfasst. Nehmen Sie das ruhig wörtlich. Gehen Sie mit Ihrem Krebs wandern; übrigens möglichst an einem Montag. Suchen Sie sich ein Ziel, wo es einen Fluss, einen See oder die Meeresküste zu bewundern gibt. Pflücken Sie mit „Ihrem Krebs" Gänseblümchen und schlagen Sie danach einen Besuch seines Elternhauses vor. All das sind Aktivitäten, bei denen sich der

♂ **Mars im Krebs:** Tatkraft und Antrieb: Schützt einmal Erworbenes, das er nicht nur besitzen will, sondern auch hegt und pflegt. Schafft ein ideales Klima des Wachstums.

Krebs und Löwe

Was Krebs und Löwen wohl am stärksten voneinander trennt, ist ihre gegensätzliche Konfliktkultur – oder sollte man bereits von Unkultur sprechen? Der Krebs zieht sich vor dem brüllenden Löwen verschreckt zurück, während der Löwe mit dem beleidigten Krebs Höllenqualen aussteht. Dabei könnten sich die zwei so hervorragend ergänzen: Der feinsinnige Krebs und der impulsive Löwe decken eine stattliche Palette unterschiedlichster menschlicher Facetten ab. Würden die beiden in solchen Augenblicken nur einmal kurz überlegen, kämen sie recht schnell darauf, dass ihr Gegenüber eigentlich dem eigenen Archetypus des idealen Partners entspricht. Vor allem die Krebs-Frau kann für einen Löwe-Mann zur erträumten, sensiblen Prinzessin werden, die seine ritterliche Minne voll und ganz verdient. Umgekehrt findet sie an der Schulter ihres Löwen jenen Schutz, den sie ersehnt, um sich dem rauen Leben stellen zu können. Vielleicht lernen die beiden das Streiten ja noch.

Krebs und Jungfrau

„Tausendmal berührt, tausendmal ist nichts passiert …". Ein Zusammentreffen von Krebs und Jungfrau lässt sich kaum besser beschreiben als in diesem Liedertext. Da treffen zwei zurückhaltende Ästheten aufeinander, zwei Wesen, die

Krebs von Ihnen richtig wahrgenommen fühlt. Bedenken Sie bei dem Besuch der Eltern jedoch, dass sie dem Krebs über alles gehen. Vor allem über die Mutter darf Ihnen kein spitzes Wort über die Lippen kommen.

Der Eros des Krebses

Zwei vor, eins zurück: Es klingt wie eine Anweisung zum Tanz und in gewisser Weise ist die erotische „Gebrauchsanweisung" für den Krebs auch eine. Wer mit diesem Jünger des Mondes die Gipfel höchster Lust erklimmen will, sollte ihm ausreichend Gelegenheit bieten, den Augenblick der Erfüllung doch noch einmal hinauszuzögern. Nichts bringt den Krebs mehr in Fahrt. Fassen Sie sich daher in Geduld. Sie werden sehen, es lohnt sich allemal. Und vielleicht finden ja auch Sie Gefallen an der Spannung, die sich dadurch zwischen Ihnen aufbaut.

Dem Ambiente kommt beim Liebesspiel mit einem Krebs eine ungeheure Bedeutung zu. Es muss romantisch und sollte bequem sein, kurz, einer wahren Liebe würdig. Krebse sind zwar nicht ausschließlich aufs Bett fixiert, und mit dem notwendigen Vertrauen werden sie sich auch an die eine oder andere Neuerung heranführen lassen.

Ja, Krebs-Männer finden sogar ausgesprochen oft Gefallen daran, das Vorspiel auf dem Teppich, dem Sofa oder dem Couchtisch stattfinden zu lassen. Letztendlich zieht es sie dann aber doch ins Bett. Doch bevor es überhaupt so weit ist, sollten Sie zunächst beobachtend abwarten, bis der Krebs in aller Regel den ersten vorsichtigen Schritt macht.

Jupiter im Krebs: Wachstum und Freiheit: Braucht einen guten Draht zum „Publikum". Bricht dieser warum auch immer ab, zieht er sich beleidigt zurück.

„... tausendundeine Nacht, da hat es bumm gemacht!" Und auch nach dieser ersten heftigen Reaktion kann es mit diesen beiden introvertierten Wesen harmonisch weitergehen. In vielen Belangen ergänzen sie sich sogar genial. Die Fantasie des Krebses macht aus dem Verstand der Jungfrau einen fruchtbaren Grund, so wie das Wasser die Erde befruchtet. Und sein feinsinniges, intuitives Gefühl erwärmt den jungfräulichen Intellekt. Wenn dann der Krebs es auch noch schafft, der Jungfrau etwas herzlichere Umgangsformen zu vermitteln, steht einer guten Beziehung nichts im Weg.

Krebs und Waage

Krebs und Waage gehören zu den wenigen Kombinationen, die sich auch bei allem guten Willen weder unterstützen noch gegenseitig entwickeln können. Sie haben kaum etwas aneinander zu lernen und dienen sich mit ihren Licht- und Schattenseiten noch nicht einmal als Spiegel. Kurz: Die Berührungspunkte zwischen diesen Vertretern des Tierkreises sind so rar, dass es nur in allergrößten Ausnahmefällen überhaupt zu dem Versuch einer Partnerschaft kommt.
Dem Krebs ist die Waage zu oberflächlich, die Waage wiederum findet den Krebs kompliziert. Beide reden zwar gerne, doch genauso gerne

alle Register romantischer Verführungskünste ziehen: sanfte Musik, Rosen, Kerzenlicht, Champagner, zärtliche Worte. Bedenken Sie, dass Sie ein Wesen vor sich haben, das über Worte besonders gut erreichbar ist. Tragen Sie ein selbstverfasstes Liebesgedicht vor, und der Krebs wird zu Wachs in Ihren Händen.

Wenn Sie dieses Wachs dann „kneten“, konzentrieren Sie sich am besten auf Bauch, Brustkorb und Brüste. In diesem Bereich sind Krebse weich und empfindsam – und zwar Krebse beiderlei Geschlechtes. Wenn Sie schon immer einmal an den Brustwarzen eines Mannes saugen wollten, bitte sehr, hier haben Sie genau den richtigen für so ein Begehren. Mit etwas Feingefühl und Ausdauer werden „seine“ Brüste nicht anders reagieren als „ihre“.

Die Krebs-Frau

Krebs-Frauen besitzen ein besonderes Fingerspitzengefühl – und zwar im wahrsten Sinne des Wortes. Wenn Sie zu den Glücklichen gehören, die in diesen Genuss kommen, sollten Sie etwas beherzigen: Alles, was sie gibt, will sie auch bekommen – ohne diesen Wunsch jemals auszusprechen. Wenn Sie dies beachten, werden Sie ihre Wünsche bereits erfüllen, noch bevor sie ihr so recht ins Bewusstsein gekommen sind. Ihre Achtung vor Ihren Qualitäten als Liebhaber steigt dann ins Unermessliche.

Krebse sind Geschöpfe der Fantasie, auch in der Liebe. Große Abwechslungen braucht eine Krebs-Frau zwar nicht, und für besonders extravagante Spielarten ist sie

♄ **Saturn im Krebs:** Verantwortung und Sicherheit: Der Wunsch nach Ruhe und Sicherheit beherrscht die Lebensplanung. Zurückgehaltene Gefühle frustrieren andere.

geben sie einander Ratschläge. So verkommt jedes Gespräch bald zu einer gegenseitigen Belehrung, die beiden auf die Nerven geht. Interesse kann aufflackern, wenn der Krebs seine Begabung, Komplimente zu machen, ins Spiel bringt. Geschmeichelt wird die Waage abwägen, ob sie sich auf eine Begegnung einlässt. Viel Zeit hat sie allerdings nicht, um zu überlegen.

Krebs und Skorpion

Die Verbindung zwischen Krebs und Skorpion wirkt auf den ersten Blick äußerst erfolgversprechend. Diese beiden Wasserzeichen verstehen es nämlich nahezu ideal, Tun und Lassen zwischen sich aufzuteilen. Der Krebs übernimmt dabei den passiven Teil, der Skorpion den aktiven. Da beide im Reich der Gefühle leben, sind sie sensibel genug, sich ohne große Worte zu verstehen. Der Krebs ist mit seiner Nachgiebigkeit zunächst wie geschaffen für den Skorpion. Der stachelige Geselle verliebt sich derart, dass er zum streichelweichen Charmeur wird. Und der Krebs genießt es, dieses für andere so gefährliche Geschöpf gezähmt zu haben. Doch dann kommt der Beziehungsalltag und mit ihm die Probleme. Auf eine ständige Bewährungsprobe gestellt, erweist sich der Krebs als viel zu nachgiebig. Das reizt den Skorpion ungemein zu probieren, wie weit er gehen muss, um auf Widerstände zu stoßen.

nur schwer zu haben. Dafür spielen sich in Ihrer Vorstellung die wildesten Dinge ab: tantrische Liebesgenüsse mit zwei Männern, Schmerzerotik und ähnliches gehören in dieser Welt unbedingt dazu, auch wenn diese Vorstellungen nur in den seltensten Fällen das Licht der Welt erblicken.

Ist die Krebs-Frau in ihre Fantasien eingetaucht, dann lässt sie sich manchmal dabei zuschauen, wie sie ihre Fingerfertigkeit an sich selbst auskostet. Sie sollten sich allerdings dezent im Hintergrund halten, damit sie nicht zu exhibitionistisch agieren muss. Geben Sie ihr nach ihrem Alleingang viel körperliche Nähe. In solchen Augenblicken braucht sie Nestwärme ganz besonders.

Der Krebs-Mann

Krebs-Männer sind eine bemerkenswerte Mischung aus Geduld und Draufgängertum. Ohne Aufmunterung von Ihrer Seite wird das Ganze jedoch nicht ins Rollen kommen. Vermeiden Sie dabei alles Vulgäre oder Direkte. Derbheiten wirken auf einen Krebs-Mann wie die berühmte Nadelspitze auf einen prallen Luftballon: Plötzlich ist die Luft draußen und die ganze Pracht dahin.

Auch männliche Krebse lieben ein intensives Vorspiel und kommen dabei mitunter auch auf recht ausgefallene Ideen. Sie brauchen nicht gar so viel Sicherheit wie ihre weiblichen Pendants, doch das eine oder andere anerkennende Wort wird auch bei einem Krebs-Mann nicht seine Wirkung verfehlen. Rechnen Sie damit, dass er auf

Uranus im Krebs: Veränderung und Bewegung: Im Zentrum des Strebens steht das eigene Heim, die Familie und die Freunde. Andere sollen sehen, wo sie bleiben.

Krebs und Schütze

Die Wasserwelt des Krebses und die Feuerwelt des Schützen passen extrem schlecht zusammen. Der Krebs fühlt sich in seinem Sicherheitsbedürfnis von diesem flüchtigsten aller Feuerzeichen permanent bedroht. Der Gedanke, den Schützen teilen zu müssen – und sei es nur mit einer Idee – ist für ihn unerträglich. Daher klammert er sich an den Pferdeleib des Zentauren, übersieht großzügig das Animalische und versucht, sich ein Haustier zu erziehen. Doch ist der Schütze kaum zu zähmen – und schon gar nicht so.

Kommt es zu den unvermeidlichen Konflikten, ist die Beziehungskatastrophe perfekt. Der Schütze verschießt in seiner Not vernichtende Wortpfeile und ist sofort danach zur Versöhnung bereit. Bei seinem Krebs-Partner ist er da allerdings an der falschen Adresse. Der zieht sich für Wochen in seinen Schmollwinkel zurück, um den Schützen das Ausmaß seiner Verletzung spüren zu lassen.

Krebs und Steinbock

Auch wenn das Wasser die Erde sonst befruchtet, hier kommt es eher zur Überschwemmung. Vielleicht liegt es daran, dass die beiden auf den ersten Blick allzu gut zusammenpassen. Der Krebs ist häuslich, konservativ und zurückhaltend – genau wie der Steinbock. Doch darf man die Kraft der gehörnten Bergziege nicht überse-

äußerst spannende und fantasievolle Art und Weise immer wieder abbiegen wird, wo andere längst zur Sache gekommen wären. Bieten Sie ihm Ihre Brüste an – Sie werden staunen, welch kreatives Potenzial allein der Anblick in ihm auslösen wird.

Krebs-Männer lieben es, wenn die Frau beim Liebesspiel auf ihnen sitzt. Dabei geben sie ihren männlichen Führungsanspruch keineswegs auf; sie setzen ihn nur viel subtiler durch als etwa ein Widder, der durch seine drängenden Bewegungen den Takt zwingend vorgibt. Ein Krebs-Mann wird stattdessen zu Worten greifen, Sie in ein fantasievolles Geschehen hüllen, um Sie dann sanft, aber bestimmt zum Gipfelsturm zu führen.

Das schnelle Ende

Es ist nicht besonders schwierig, einen Krebs zu beleidigen. Schließlich handelt es sich um eines der (über)empfindlichsten Geschöpfe, die der Herr schuf. Aber das heißt noch lange nicht, dass man den Krebs damit auch loswird. Im Gegenteil, fühlt er sich ernsthaft attackiert und fürchtet er um den sicheren Bestand der Beziehung, dann fahren urplötzlich die Scheren aus – und schnapp, sind Sie ernsthaft verletzt und wissen gleichzeitig weniger als je zuvor, wie Sie diesen Zeitgenossen wieder loswerden sollen.

Am ehesten haben Sie eine Chance, „Ihren Krebs“ abzuschütteln, wenn Sie sich kalt und zurückweisend bis an den Rand der Grausamkeit gebärden. Schleifen Sie den

♆ **Neptun im Krebs:** Vorstellungskraft und Intuition: Ignoriert Probleme oder weicht ihnen aus. So entsteht eine Scheinwelt, die mit der Realität wenig zu tun hat.

hen, die in der Regel für einen Krebs viel zu gefährlich ist. In seiner Angst, verletzt oder hinweggerissen zu werden, beginnt er zu klammern. Dann flieht der Steinbock. Denn was nützt ihm das gemütlichste Heim, wenn ihm die Luft zum Atmen genommen wird?
Dabei könnten die beiden recht konstruktiv zusammenleben. Ist nämlich die erste Zeit des Klammerns überstanden, besteht die Möglichkeit, dass der Krebs durch die Kraft des Steinbocks Sicherheit gewinnt und seinen Griff etwas lockert. Kommt ihm der Steinbock dann auch noch in Sachen Zärtlichkeit und Romantik eine Spur entgegen, können die beiden ein sehr behagliches Leben führen.

Krebs und Wassermann

Zunächst glaubt der Krebs, im Wassermann einen idealen Weggefährten gefunden zu haben. Die geistigen Übereinstimmungen sind greifbar, und so fühlt sich der Krebs von den Utopien seines Partners angenehm stimuliert. Doch bald muss er voller Entsetzen erkennen, dass diese Utopien für den Wassermann keinesfalls in weiter Ferne liegen. Ja, er begnügt sich noch nicht einmal damit, sie anzusteuern – er lebt, als wären sie der Rahmen seines täglichen Lebens. Solch eine gefährliche Realitätsverweigerung treibt den vorsichtigen Krebs mit ziemlicher Sicherheit in seinen Panzer. Für den Wassermann

Krebs jeden Abend außer Haus und geben Sie ihn dann im Kreise vieler Menschen der Lächerlichkeit preis. Es könnte sein, dass er in solch einem Fall sogar auf sein ansonsten obligatorisches Klammern gegen Ende einer Beziehung verzichtet.

Verstärken Sie seine Lebensängste, geben Sie ihm zusätzlich zu seinen tausend Sorgen Anlass, sich zu fürchten. Vermutlich wird Ihr Krebs-Partner auf eine derartige Strategie mit Krankheit reagieren. Machen Sie sich nichts daraus; schließlich leben Krebse bekanntlich eine intensive psychosomatische Seite aus. Der eine oder andere stirbt sogar daran. Das stört Sie? Warum? Sie wollten ihn doch loswerden, oder?

Das ist Ihnen zu drastisch? Weniger harte Methoden sind allerdings weniger erfolgversprechend. Probieren können Sie es natürlich trotzdem. Versagen Sie dem Krebs an Ihrer Seite jegliche Bestätigung. Zwingen Sie ihn, vier mal pro Jahr umzuziehen. Kritisieren Sie seine Liebestechnik und schwärmen Sie ihm von den Hauptdarstellern des jüngst genossenen Billigpornos vor – ein fast schon platter Vorschlag, denn wer schätzt dies schon?

Reiten Sie auf der Unpünktlichkeit des Krebses herum. Buchen Sie einen Urlaubsflug und reisen Sie allein, weil Sie es dem Krebs überlassen, pünktlich am Flughafen zu erscheinen. Verlangen Sie von „Ihrem Krebs", alle Rechnungen zu bezahlen und das Zeitungsabonnement abzubestellen oder – noch schlimmer – Versicherungen zu kündigen. Da erwischen Sie ihn gleich an zwei empfindlichen Punkten. Zu guter Letzt können Sie noch versuchen, seine Mutter zu kritisieren – am besten in ihrem Beisein. Dann hilft sie dem Krebs vielleicht, Sie zu verlassen.

Pluto im Krebs: Transformation und Neubeginn: Verfolgt geduldig und beharrlich seine zahlreichen Ideen und lässt sich auch von Rückschlägen nicht entmutigen.

ist das, gelinde gesagt, irritierend. Er fordert von seinen Partnern ständige Loyalität und Verfügbarkeit, und diese verletzt der Krebs in solchen Augenblicken eklatant. Und so wartet der Krebs vergeblich auf jene Gefühlsregung, die ihn aus seinem Panzer zu neuen Ufern locken könnte.

Krebs und Fische

Mit den Fischen an seiner Seite läuft der Krebs zunächst einmal zu voller Größe auf. Endlich kann er die Rolle des Stärkeren, des Lebenstüchtigeren übernehmen. Wohlig sinken die Fische in seine Arme, genießen Häuslichkeit und Fürsorge, Sicherheit und Verständnis. Beide sind Wesen des Wassers, die Welt der Gefühle ist ihr Zuhause. Entsprechend liebevoll ist zunächst auch ihr Umgang im Bett miteinander; bis zu jenem Augenblick, in dem die Fische beginnen, ihre Extravaganzen zu leben. Das verunsichert den Krebs, zumal sein Partner auch noch eine fatale Neigung zeigt, mangelnde Befriedigung in demonstrative Flirts umzusetzen.

Beim Krebs schrillen alle Alarmglocken, und so beginnt er, die Fische mehr und mehr an sich zu binden. Bindung ist jedoch etwas, dem die Fische unweigerlich ausweichen. Sie sind nicht imstande, Grenzen zu akzeptieren, weder die ihres Körpers noch solche des Geistes. Und schon gar keine, die der Partner vor ihrer Nase aufbaut.

Der Löwe und die Liebe

In einem Löwen begegnet Ihnen das männliche Urprinzip in Reinkultur: stolz, stark und tapfer; aber auch herrschsüchtig, aufgeblasen und besserwisserisch. Egal, ob Mann oder Frau – an einem Löwen können Sie wie an keinem Zweiten Licht und Schatten des „starken Geschlechts“ studieren. Geht es ihm gut, ist er eine imposante Erscheinung. Schon auf den ersten Blick ist zu erkennen, dass man es hier mit einem energischen Wesen zu tun hat; einem Wesen, das seelisch und körperlich voller Kraft ist. Selbstsicher bewegt es sich durch seine Welt, signalisiert schon mit der kleinsten Geste Macht, Stärke und Hoheit. Ein Löwe kommt nicht einfach wie andere zur Tür herein, nein, er betritt den Raum wie eine Bühne.

In und durch den Löwen leuchtet die Sonne, die Beherrscherin unserer Welt. Wer es versteht, rechtzeitig die Augen zu senken, wird von dieser Löwensonne gewärmt und genährt. Doch wehe, der Löwe trifft auf einen Menschen, der ihn von seinem Thron stoßen will, der seine geheimsten Schwächen ans Tageslicht zerrt oder seine Ideale lächerlich macht. Oder noch schlimmer: Der Löwe wuchs unter Verhältnissen auf, in denen ihm sein herrschaftlicher Anspruch verwehrt wurde – entweder, weil er die Aufmerksamkeit der Eltern mit zu vielen oder deutlich älteren Geschwistern teilen musste; weil das Geld knapp war; oder weil körperliche Schwächen das glanzvolle Selbstbild zunichte machten. Dann enthüllt dieses würdevolle Wesen seine despotischen, selbstgerechten und egozentrischen Seiten. Löwen wollen herrschen – wenn es aus eigener Kraft nicht geht, dann schwingen sie sich eben aufs hohe Ross. Sie scheuchen Schuhverkäuferinnen durch den Laden, um sich

Mond im Löwen: Stimmungen und Gefühle: Selbstsicher, aber auch gefühlsbetont macht er auf sich aufmerksam, wobei ihm die Anerkennung anderer sehr viel gilt.

Löwe und Widder

Löwe und Widder passen im Grunde hervorragend zusammen, auch wenn sich ihre Umgebung immer wieder verschreckt die Ohren zuhält, wenn diese beiden starken Charaktere aufeinanderprallen. Streit ist in der Beziehung nämlich geradezu vorprogrammiert. Denn es widerstrebt beiden viel zu sehr, die Zügel aus der Hand zu geben. Doch es ist ein fairer Kampf, der fast zwangsläufig in einer heftigen Versöhnung endet. Eskalieren diese Streitereien allerdings, beginnt vor allem der Löwe, der für seine Selbstinszenierungen eine harmonische Umgebung braucht, zu leiden. Das schlägt ihm fatalerweise auf die Libido, was der Widder kaum zu akzeptieren imstande ist. Solange eine solche Situation vermieden wird, haben beide jedoch gleich viel Lust und Spaß im Bett. Und der Alltag funktioniert ähnlich. Es wird gestritten, was das Zeug hält, aber im Grunde wissen sie sich eins in ihren Wünschen und Zielen.

Löwe und Stier

Löwen fühlen sich von Erdzeichen erstaunlicherweise oft angezogen, obwohl zwischen ihnen aus astrologischer Sicht wenig Beziehung besteht. Vielleicht erwarten sie als Feuerzeichen, von ihnen getragen und genährt zu werden. Bei einem Stier liegt der Löwe mit einer solchen

gleichzeitig gut hörbar über die schlechte Bedienung aufzuregen, treiben hilfsbereite Kellner mit ihrem lautstarken Genörgel in die Verzweiflung und fahren beim leisesten Anflug einer Kritik Freunden und Angehörigen über den Mund.

Der Löwe als Partner

Ein Löwe in seiner entwickelten Form ist geradezu ideal als Partner: Er macht großzügige Geschenke, hüllt seine Partnerin in jeden nur erdenklichen Luxus und lässt seinen Nachwuchs mit einer Langmut Unfug anrichten, die Außenstehende erstaunt. „Wie ein Löwe" kämpft er für die Seinen und für seine Ideale

Allerdings kann solch ein Partner mit der Zeit auch etwas anstrengend werden. Löwen neigen dazu, sich ein idealisiertes Bild ihrer Umwelt zu machen mit sich als anachronistischem Mittelpunkt. Vor allem männliche Löwen mögen partout nicht zur Kenntnis nehmen, dass die Tage des Patriarchats endgültig vorüber sind. Fühlen sie sich von einem Familienmitglied in Frage gestellt, werden sie häufig zu Haustyrannen.

Gewusst wie, lässt sich aber selbst mit dieser Löwen-Eigenheit gut leben. Bedenken Sie: Beim König der Tiere fallen alle Gefühle ungewöhnlich groß aus. Frei nach dem Motto: „Gut gebrüllt, Löwe" artikuliert er seine Emotionen heftig, streitet heftig – und versöhnt sich schließlich ebenso heftig. Wenn Sie also wieder einmal das Gefühl haben, „Ihr Löwe" macht aus einer Mücke einen Elefanten, dann stellen Sie sich dem Konflikt. Mit Löwen kann man streiten, ohne gleichzeitig Ängste vor dem

☿ **Merkur im Löwen:** Intellekt und Vernunft: Offenherzig präsentiert er sich der Schar seiner Bewunderer. Wer ihm folgt, darf sich seiner Unterstützung sicher sein.

Erwartung auch gar nicht so falsch. Bietet der Löwe seinem Partner nur eine ausreichend starke Schulter, so wird er mit Fürsorglichkeit belohnt. Außerdem findet ein Löwe beim Stier das, was er am meisten schätzt: Macht in Form materieller Besitztümer. Der Löwe sollte allerdings vorsichtig sein und die Sparsamkeit seines Partners nicht unterschätzen. Ein Stier wird rasend, wenn seine Kreditkartenabrechnung alle Rekorde bricht oder sich Dinge im Haus stapeln, deren Sinn und Zweck er nicht einsehen kann. Doch in vernünftigen Maßen kann ein Löwe seinen Hang zum Luxus dem Stier als eigenes Vergnügen schmackhaft machen. Schließlich ist ein Stier sparsam und nicht krankhaft geizig.

Löwe und Zwillinge

Auf den ersten Blick finden Löwe und Zwillinge nicht so recht zusammen. Was die Jünger des Merkur, die Zwillinge, Diplomatie nennen, ist für einen Löwen bereits Halbwahrheit und Intrige. Was für den Zwilling die reine Neugier ist, gibt dem Löwen bereits Grund zur rasenden Eifersucht. Doch offensichtlich stimmt die Chemie zwischen den beiden. Es mag daran liegen, dass sie sehr ähnliche Probleme im Leben haben. Beide werden in der Astrologie als Lebenskünstler und unverbesserliche Optimisten gehandelt, obwohl sie mit riesigen Schattenbereichen kämpfen. Beiden ist die Achterbahn von Erfolg

endgültigen Aus haben zu müssen. Die anschließende Versöhnung wird umso schöner ausfallen.

Geben Sie „Ihrem Löwen" Zeit, wenn Sie mit seinen Schattenseiten in Kontakt kommen. Geben Sie ihm Raum, Weite, Auftrittsfläche. Oft sind Hochmut, Selbstüberschätzung und despotischer Egoismus die Marotten eines jungen und/oder unreifen Löwen. Sie wachsen sich mit steigender Lebenserfahrung und einer liebevollen Behandlung von selbst aus. Zur Not schenken Sie ihm einen Hund, an dem er zur allseitigen Zufriedenheit seine herrischen Züge abreagieren kann.

Sie werden sehen, hinter den Schatten kommt dann ein wahrer Lebenskünstler, ein Sonnenmensch zum Vorschein, an dessen Seite Sie von seiner Stärke, seiner Kraft und seiner Herzenswärme profitieren.

Der hoffnungsvolle Anfang

Um auf „Löwen-Jagd" zu gehen, sollten Sie sich ein prächtiges Revier aussuchen. In gammeligen Kneipen, auf zugigen Kirchen-Flohmärkten oder in drittklassigen Hotels suchen Sie diese edlen Geschöpfe vergeblich. Im Vier-Hauben-Lokal, in Ballsälen und bei exklusiven Vernissagen sind Ihre Chancen dagegen ungleich größer, auf den König der Tiere zu stoßen.

Der Löwe braucht eine ihm würdige Kulisse für seinen Auftritt. Er inszeniert sein Erscheinen, präsentiert sich selbstbewusst dem staunenden Publikum. Doch

Venus im Löwen: Liebe und Leidenschaft: Ein romantischer, großmütiger Charakter, leidenschaftlich und aufopferungsbereit für die große Liebe, die seiner würdig ist. ♀

und Misserfolg bestens bekannt. Beide sind immer wieder knapp bei Kasse. Und beide verlieren leicht ihre Ziele aus den Augen. Solche Nöte vereinen, auch wenn sie unterschiedliche Lösungsstrategien verfolgen. Der Zwilling sollte nur daran denken, seinen feurigen Partner immer wieder zu loben. Dann haben sie gute Chancen auf ein erfolgreiches Miteinander.

Löwe und Krebs

Genau genommen besitzt ein Krebs viel von dem, was sich ein Löwe von seinem Gefährten wünscht: Er ist ein wenig hilflos, schutzbedürftig, anschmiegsam und sensibel. Er erlaubt dem Löwen, sich als rettender Held in Szene zu setzen und applaudiert mit seinem Feingefühl an den richtigen Stellen. Doch wie das Leben so spielt: Der Löwe registriert nur das beleidigte Gesicht seines Gegenübers, weil er wieder einmal viel zu lautstark seine Meinung kundgetan hat.

Löwe und Krebs müssen zuallererst lernen, miteinander zu streiten. Der Löwe ist gefordert, nicht aus jeder Mücke einen Elefanten zu machen. Und der Krebs muss verstehen, dass schwelende Konflikte leicht zu einem unkontrollierbaren Flächenbrand werden. Wenn die beiden dies bewältigen, dann ergänzen sie einander nahezu perfekt. Der impulsive Löwe bekommt einen feinsinnigen Partner an seine Seite, der Zwischentöne zu hören vermag.

Vorsicht! Glauben Sie bloß nicht, Sie haben es mit einem derart extrovertierten Wesen zu tun, wie es der erste Schein nahelegt. Sie werden staunen, in Wahrheit sind Löwen oft ausgesprochen scheue Wesen, die nur von ihrer Sucht nach Beachtung auf die Bühne des Lebens getrieben werden.

Setzen Sie „Ihren Löwen" anfangs also lieber nicht übermäßig der Öffentlichkeit aus. Erfolgversprechender ist, Sie bringen ihn in eine luxuriöse Umgebung, in der er sich wohlfühlt, und stellen sich ihm mit Haut und Haaren als anbetendes Publikum zur Verfügung. Schmeicheln Sie ihm, loben Sie sein Äußeres, seine Art, seine Intelligenz. Übertreiben Sie ruhig. Der Löwe wird Ihnen in jedem Punkt recht geben – ja, unter Umständen sieht er sich selbst noch sehr viel besser, als Sie das je zu formulieren imstande wären.

Löwen fallen auch in der mondänsten Gesellschaft auf. Die Frauen sind extravagant gekleidet, oft umrahmt eine wahre Löwenmähne ihren Kopf. Männer repräsentieren das, was man früher nicht umsonst einen Salonlöwen nannte. Gerät Ihnen ein solches Exemplar ins Visier, sollten Sie lieber Erkundigungen einziehen, ob er verheiratet ist. Eigentlich sind Treue und Loyalität Ideale, die zum festen Weltbild eines Löwen gehören. Doch leider, auf der ewigen Jagd nach der Märchenprinzessin kann es vor allem dem Löwe-Mann ab und zu passieren, dass er sein gefreites Exemplar zu Hause vergisst, weil eine vermeintlich noch Würdigere seinen Weg kreuzt.

Ansonsten ist es nicht sonderlich schwierig, einen Löwen zu umgarnen. Es ist leicht erregbar, oft lodert glühende Leidenschaft unter einer dünnen Schicht kultivier-

♂ **Mars im Löwen:** Tatkraft und Antrieb: Ein geborener Sieger; auch in der Niederlage. Mutig, kraftvoll und stark gestaltet er seine Umgebung nach seinen Ansprüchen.

Löwe und Löwe

Haben Sie einmal zwei Katzen beim Spielen zugesehen? Mit sichtlichem Vergnügen raufen sie, bis es einer zu viel wird und sie sich fauchend zurückzieht. Ähnlich geht es in Partnerschaften zu, in denen zwei Löwen aufeinandertreffen. Sie raufen sich – auch in aller Öffentlichkeit. Aber eigentlich raufen sie nur, weil es ihnen so ungeheuer viel Spaß macht. Überschreitet einer die unausgesprochenen Grenzen, dann zieht sich der andere kurzfristig zurück – um bald darauf das Spiel wieder aufzunehmen oder sich schnurrend an den Partner zu schmiegen. Geht es diesen beiden Löwen gut, dann sind sie ein geniales Paar. Sie bilden eine hochexplosive, unvergleichlich erotische Verbindung. Doch wehe, einer der beiden kommt zu intensiv mit seinen Schatten in Kontakt. Fast schon zwangsläufig zieht er mit seinen despotischen Anfällen, seiner Willkür und seiner Verbissenheit den anderen in einen unerbittlichen Streit.

Löwe und Jungfrau

Auch die Verbindung aus Löwe und Jungfrau gehört zu jenen ganz geheimen Traumkombinationen der Astrologie, die sich erst auf den zweiten Blick enthüllen. Es handelt sich um ein Ritterepos, ganz nach den Wünschen des Löwen. Allerdings ist die angebetete Prinzessin kein

ter Eleganz. Präsentieren Sie sich als Prinzessin: jung, schön, reich. Wobei der Löwe am ehesten auf das letzte Attribut zu verzichten gewillt ist. Allerdings müssen Sie ihm nachdrücklich demonstrieren, dass Sie Ihren Geldmangel mit Würde tragen. Nichts schreckt einen Löwen mehr ab als unwürdiges Gejammer.

Eine Löwe-Frau laden Sie am besten in das teuerste Restaurant der Stadt ein, um den Abend schließlich in einem Zimmer des besten Hotels am Platz zu beschließen. Auch sie ist auf der Suche nach einem Märchenprinzen. Zeigen Sie sich von Ihrer jugendlichen, dynamischen Seite. Löwinnen haben für athletische Jünglinge viel übrig.

Rosen, Sonnenblumen oder Granatäpfel sind ein geeignetes Einstandsgeschenk. Wenn es etwas teurer sein darf, versuchen Sie es mit einem goldenen Kaviarlöffel, einem riesigen Bergkristall oder echtem Bernstein. Wenn Sie zu Schmuck greifen, hüten Sie sich jedenfalls vor Modeschmuck. Dem können Löwinnen rein gar nichts abgewinnen. Am besten wird es sein, Sie nehmen „Ihren Löwen" gleich auf eine ausgiebige Einkaufstour mit und lassen ihn selbst wählen.

Scheuen Sie solch extravagante Ausgaben, dann können Sie „Ihren Löwen" auch mit der Prachtentfaltung anderer locken. Machen Sie eine Schlössertour, besuchen Sie Regierungsgebäude und organisieren Sie eine Sonderführung, oder besorgen Sie Karten für die nächste Premiere einschließlich einer Einladung zur Premierenfeier. Solche Aufmerksamkeiten machen den wilden Löwen zu einem dankbar schnurrenden Kätzchen.

Jupiter im Löwen: Wachstum und Freiheit: Er will gefallen. Seine Kraft setzt er ein, um Macht und Ansehen zu erringen, regiert dann aber großzügig und gerecht. ♃

scheues, hilfloses Geschöpf, sondern eine Edle aus dem Stamm der Amazonen. Aber Haltung und Stärke machen sie für den Löwen zu einer begehrenswerten Partie.

Leicht haben es die zwei allerdings nicht miteinander. Der Löwe überschreitet seine Grenzen permanent, die Jungfrau bleibt dagegen meilenweit darunter. Das muss wechselweise Ungeduld hervorrufen. Der Löwe ist Perfektionist, weil er nur das Beste verdient; die Jungfrau ist es, weil sie sich sonst wertlos fühlt. Der Löwe verlangt vor allem von allen anderen das Beste; die Jungfrau verlangt es von sich. Sie verstehen sich daher zumindest im Ansatz, auch wenn sie dem Partner meist völlig falsche Motive unterstellen.

Löwe und Waage

Ein Löwe ist ein so mitreißendes Wesen, dass die Waage sich relativ schnell für ihn entscheidet. Und falls nicht, dann hilft der König der Tiere ein bisschen nach. Funkt es dann zwischen den beiden, sind sie im landläufigen Sinn vielleicht nicht unbedingt ein Traumpaar. Aber sie haben einander so viel Unterstützung zu bieten, dass man ihnen nur zu ihrer Wahl gratulieren kann.

Der Löwe trägt Leidenschaft und Tatkraft in die Beziehung, die Waage steuert Fantasie und Ideenreichtum bei. Ganz unproblematisch ist die Beziehung allerdings nicht. Der Löwe muss lernen, seine Wutausbrüche zu zähmen. Waagen

Der Eros des Löwen

So wie der Löwe das Potenzial eines Lebenskünstlers in sich trägt, so besitzt er auch das eines Liebeskünstlers. Doch wie überall im Leben des Löwen liegen übermäßiges Licht und übergroßer Schatten dicht beieinander. So kann es durchaus passieren, dass Sie bei diesen grundsätzlich liebesfrohen Geschöpfen auf einen Vertreter stoßen, der Eros und Sexualität weit von sich weist. Geben Sie in solch einem Fall nicht sofort auf. Dieser Löwe ist keinesfalls von Natur aus frigide. Vermutlich musste er nur irgendwann die für ihn traumatische Erfahrung machen, nicht wahrgenommen oder mit Liebesentzug bestraft worden zu sein. Kombiniert mit seiner Angst vor Mittelmäßigkeit kann dies den Löwen zu einem zunächst etwas schwierigen Bettgenossen machen. Doch es gibt auch in diesem Fall ein einfaches Mittel, einen solchen Löwen aufzutauen: Stellen Sie ihn in den Mittelpunkt allen Geschehens, bieten Sie ihm eine Auftrittsfläche, bewundern Sie ihn, loben Sie ihn, schmeicheln Sie ihm.

Löwen sehen sich als Schöpfer, und als solche wird für sie die Liebe zum Schöpfungsakt. Geben Sie ihnen Gelegenheit dazu. Inszenieren Sie Ihre Liebesnächte dramatisch, suchen Sie sich ein Ambiente, das einer Majestät würdig ist, und denken Sie schließlich auch an die stimmungsfördernde Bequemlichkeit. Dann wird der Löwe im Bett zu einem herrlich unkomplizierten Geschöpf.

Ein langes Vorspiel können Sie sich bei Löwe-Mann und Löwe-Frau getrost sparen. Sie sind leicht zu erregen, allerdings fallen die Flammen der Leidenschaft

♄ **Saturn im Löwen:** Verantwortung und Sicherheit: Ein Ritter der hohen Ideale, der zu leicht vergisst, dass das Leben neben allem Edelmut auch Spaß machen darf.

können mit so viel streitbarer Energie rein gar nichts anfangen. Sie lassen sich zwar auf den Kampf ein, doch hassen sie sich und den Löwen hinterher dafür. Allerdings bringt der Löwe in einer solchen Situation auch Heilung. In seiner Selbstgefälligkeit demonstriert er, dass negative Gefühle kein Grund zu Selbstzweifeln sind.

Löwe und Skorpion

In der Beziehung von Löwe und Skorpion treffen Feuer und Wasser aufeinander, aber in Wahrheit verhalten sie sich wie Licht und Schatten. Sie sind schlicht nie gleichzeitig an Ort und Stelle, können kaum voneinander lernen oder sich gegenseitig unterstützen. Das Einzige, was zwischen den beiden funktioniert, ist der Sex. Der allerdings in Reinkultur, ganz ohne Schnörkel und Verzierungen, fast schon brutal leidenschaftlich. Dem Löwen genügt dies jedoch nach zwei bis drei Malen, denn seine romantischen und harmoniebedürftigen Seiten kommen auf diese Art und Weise zu kurz. So zieht er nach vollbrachter Nacht seiner Wege. Und er tut auch besser daran. Denn mit einem Skorpion kann eine Beziehung schlicht nicht gut gehen. Dazu sind beide zu herrschsüchtig. So scheitert diese Beziehung oft schon, bevor sie richtig angefangen hat. Wenn nicht, stehen eine Reihe – auch handgreiflicher – Auseinandersetzungen bevor, ehe der Löwe geht.

schnell in einem Strohfeuer in sich zusammen, wenn die notwendige Bewunderung ausbleibt. Gehen Sie mit „Ihrem Löwen" in die Sauna und streicheln Sie seinen Rücken sanft mit Ihren Fingernägeln oder einem Massagehandschuh. Das wirkt tausendmal besser als stundenlanges Fummeln.

Der Löwe-Mann

Löwe-Männer sind stürmische Liebhaber. Als Vorspiel reicht es ihnen völlig, die Gelegenheit zu bekommen, sich zu Beginn des Abends als Charmeur zu präsentieren. Was dann folgt, dreht sich völlig um die Befriedigung ihrer eigenen Gefühle, auch wenn die Frau dabei kaum zu kurz kommt. Hingabe in jeder Hinsicht, so hat es der Löwe gerne. Er bevorzugt Stellungen, bei denen sich seine Partnerin völlig ausliefert. Darf er sie fesseln, erregt ihn das bis zum Äußersten – wobei sich von selbst versteht, dass er für einen Rollentausch kaum zu haben ist.

Ein Löwe nimmt seine Geliebte mit einer einzigen bestimmten Geste, seine Bewegungen sind fordernd. Schließt sie die Augen, kann es gut sein, dass sie ein herrisches „Schau hin" zu hören bekommt. Er scheint eine schier endlose Ausdauer zu besitzen, die vom lustvollen Stöhnen seiner Partnerin noch angestachelt wird. Doch dann will er seine Ruhe haben; so, wie er generell den Zeitpunkt bestimmt. Dabei kommt dem Löwe-Mann erst gar nicht in den Sinn, dass sie anders darüber denken könnte.

Uranus im Löwen: Veränderung und Bewegung: Will alles verändern, was nicht seinen Vorstellungen entspricht, und übersieht dabei, dass er Verbündete braucht.

Löwe und Schütze

Im Schützen begegnet dem Löwen ein zweiter Machtmensch. Doch während er für seine Person als Ganzes Respekt einfordert, will der Schütze für seinen Geist, seinen Intellekt und seine Ideen bewundert werden. Das kann gut gehen, muss es aber nicht. Vermutlich werden sich die beiden gegenseitig achten. Und obwohl beide zu impulsiven Wutausbrüchen neigen, wird der Haussegen selten für längere Zeit schief hängen.
Im Alltag führt vermutlich beider Freiheitsbedürfnis schnell zu Reibungen. Der Löwe kann dabei in der Regel mit dem Verständnis und dem Vertrauen seines Partners rechnen. Doch leider hat das Ganze zwei entscheidende Haken: Erstens kann der Löwe ab und zu nicht widerstehen, dieses Vertrauen zu missbrauchen. Und zweitens ist er nicht um die Welt in der Lage, dem Schützen ähnliche Freiheiten einzuräumen. Doch wie gesagt: Ein lauter Brüller, und die Sache ist in der Regel ausgestanden.

Löwe und Steinbock

Wenn Löwe und Steinbock aufeinandertreffen, sollten alle anderen besser in Deckung gehen. Denn dieses Gespann versteht es wie kaum ein zweites, zielstrebig auf das gemeinsame Ziel zuzusteuern und dabei Menschen und Dinge auf ihrem Weg schlicht zu ignorieren. Es stellt sich

Wer sich über ein solches Verhalten ärgert, sollte lieber gleich die Finger vom Löwe-Mann lassen. Ummodeln kann man ihn nicht, schon gar nicht im Bett.

Die Löwe-Frau

Die Löwe-Frau ist lasziv und träge, manchmal sogar allzu träge. Gibt sie sich einem Mann hin, so tut sie das im Austausch für seine Bewunderung. Sie ist genau die Frau, die die halbwüchsigen Söhne ihrer Freundinnen in die Geheimnisse der Liebe einführt, weil ihr die jugendliche Anbetung unendlich guttut.

Kommt ihre Leidenschaft zum Ausbruch, geschieht dies geradeheraus, ohne große Schnörkel, Umwege oder Experimente. Das Vorspiel ist auch beim weiblichen Löwen vergeudete Liebesmüh. Einen zärtlichen Ausklang, bei dem ihr ausgiebig der Nacken gekrault wird, weiß sie dagegen sehr zu schätzen. Löwe-Frauen lieben es, sich dem Geliebten zu präsentieren. Mit Lob kann man sie zu hinreißenden Strip-Szenen bringen. Einmal in Fahrt, werden sie dafür sorgen, dass er sie gut sehen kann. Licht an, lautet die Devise bei dieser Frau, sonst verpassen Sie entscheidende Genüsse.

Das schnelle Ende

Wenn Sie Ihren Löwen wieder loswerden wollen, gibt es ein hundertprozentig wirksames Rezept: Nehmen Sie ihm auf allen Ebenen des Lebens den Raum. Ziehen Sie

♆ **Neptun im Löwen:** Vorstellungskraft und Intuition: Kraftvoll und mutig stellt er sich in den Dienst neuer Entwicklungen und überfordert sich mitunter selbst.

nur das Problem, sich auf ein gemeinsames Ziel zu einigen. In jungen Jahren gelingt das selten, da der Löwe dem Steinbock zu extrovertiert erscheint und umgekehrt der Löwe mit dem bockigen Gehabe des Steinbockes nicht klarkommt. Doch mit der Zeit wird die Chance recht groß, dass der Steinbock den Führungsanspruch des Löwen akzeptiert und der Löwe als Ausgleich beginnt, den Steinbock zu verwöhnen. Das gilt im Bett genauso wie im Alltag. Und da der Löwe beim Steinbock jenen Freiraum findet, den er braucht, werden die beiden recht gut miteinander harmonieren. Viel lernen werden sie dabei allerdings nicht. Dazu sind die Berührungspunkte zu wenig ausgeprägt.

Löwe und Wassermann

Es ist eine merkwürdige Kombination, zu der diese beiden Vertreter des Tierkreises manchmal zusammenfinden: Unabhängig und selbstbewusst scheinen sie ihrer Wege zu gehen, ohne allzu viel miteinander zu tun zu haben. Manchmal blitzt so etwas wie gegenseitige Unterstützung auf, vor allem, wenn der Löwe von dem Ideenreichtum des Wassermanns profitiert oder ihm seine Stärke vorübergehend zur Verfügung stellt, damit der Luftikus dann doch sein Luftschloss erreicht. Häufiger kommen die beiden allerdings erst gar nicht zusammen. Vielleicht begegnen sie sich kurz auf spiritueller

aus Ihrer 200-Quadratmeter-Villa in eine winzige Mansarde um, tauschen Sie sein Mercedes Cabriolet gegen einen Mini, versetzen Sie seinen Schmuck und kaufen Sie ihm zum Trost protzigen Modeschmuck. Rütteln Sie an seinem Thron, indem Sie seine Entscheidungen ignorieren, ihn in wichtigen Fragen vor vollendete Tatsachen stellen oder sich mit Halbwahrheiten um Auseinandersetzungen herumschlängeln. Lassen Sie Konflikte bewusst schwelen, verweigern Sie ihm den reinigenden Streit – und vor allem die befreiende Versöhnung.

Streichen Sie das Frühstück, stellen Sie die gemeinsamen Mahlzeiten auf streng vegetarische Kost um, kommentieren Sie jeden Bissen Fleisch, den er zu sich nehmen will, mit Horrorszenarien aus Schlachthöfen und Tiertransportern. Laden Sie ihn in das neueste makrobiotische Lokal ein und reden Sie dort nur von sich, während er verzweifelt an seiner Rohkost mümmelt.

Legen Sie seine Geschenke achtlos beiseite, vergessen Sie seinen Geburtstag. Gehen Sie mit ihm in einen billigen Pornostreifen und schwärmen Sie hinterher von den erotischen Qualitäten des Hauptdarstellers. Schubsen Sie ihn, während er schläft, aus Ihrem Bett.

Halten Sie ihm seinen verschwenderischen Lebensstil vor und malen Sie ihm die schwärzeste Perspektive seiner künftigen Einkommenssituation aus. Und sollte das alles nichts helfen, dann ziehen Sie vor Freunden seine Eitelkeit ins Lächerliche. Sie werden sehen, das erträgt kein Löwe.

Pluto im Löwen: Transformation und Neubeginn: Ein gerechter, gütiger und friedlicher Regent, der auf dem Weg zum Thron skrupellose Züge zeigt. ♇

Ebene, doch kaum droht der Körper seine Rechte einzufordern, ergreift der Wassermann die Flucht. Der Löwe ist darüber höchstens vorübergehend traurig. Denn eigentlich fühlt er sich von diesem Partner in seinem Glanz nicht wirklich wahrgenommen.

Löwe und Fische

Über diese Kombination lässt sich nicht besonders viel sagen, außer dass der Löwe die Fische noch nicht einmal zur Kenntnis nimmt. Sie nähren ihn nicht, weder geistig noch in Form von Fischgerichten. Ein saftiges Steak ist ihm allemal lieber. Und so scheinen sie ihm fast schon zu gering, die staunende Kulisse für seinen Glanz abzugeben. Auf die Idee, eine derartige Rolle zu übernehmen, kämen die Fische allerdings auch gar nicht. Sie halten sich für die Auserwählten des Kosmos, was kann da so ein kleiner Herrscher dieser Welt schon gegen sie ausrichten? Trotzdem fürchten sie seine Wutausbrüche und schütteln über seine Prachtentfaltung nur verständnislos den Kopf.

Daher gehen sie ihm, wo es nur geht, aus dem Weg. Außer im Bett, dort haben die beiden dann doch ab und zu ihre wärmenden Begegnungen. Doch für echtes gegenseitiges Interesse oder gar eine dauerhafte Beziehung reicht das nur in den seltensten Fällen.

Die Jungfrau und die Liebe

Es ist schon merkwürdig, welchen Klischees wir bei den einzelnen Sternzeichen nachhängen. Während etwa vom Löwen oder von den Zwillingen meist nur die erlösten Zeitgenossen in den Beschreibungen auftauchen, findet im Fall der Jungfrau vor allem die unerlöste Variante Beachtung. Kühl, misstrauisch, selbstgerecht, berechnend und pedantisch, frigide im Bett und die ewige Sekretärin im Job: Ein Blick in einschlägige Astro-Literatur und entsprechende Zeitungsspalten zeigt ein recht unsympathisches Wesen im Tierkreis, das sich mit niemandem so recht verträgt.

Eine Jungfrau, die derartige Beschreibungen liest und dann einen Blick auf ihren Beruf, ihre Beziehung, ihr Bankkonto oder ihre Wohnung wirft, muss sich kopfschüttelnd von der Astrologie abwenden. Vielleicht erklärt das, warum sie zu jenen Menschen gehört, die Horoskope grundsätzlich ungeduldig überblättern. An Astro-Büchern geht sie achtlos vorbei, obwohl sie sonst so gut wie jedes Buch in die Hand nimmt. Und im Restaurant wird sie kaum die Verpackung der Zuckerstückchen nach charakterlichen Hinweisen auf ihre Freunde untersuchen.

Die Jungfrau ist in ihrem tiefen Inneren alles andere als überheblich oder selbstgerecht. Instinktiv spürt sie, dass sie von Chaos überfordert wird. Daher versucht sie, ihm so gut wie möglich auszuweichen. Als Jüngerin des Merkurs setzt sie zu diesem Zweck ihren messerscharfen Verstand ein. Sie geht dabei vor wie bei einem Puzzle. Die einzelnen Teile werden genau betrachtet, Form, Farbe und Zweck analysiert, um dann zu einem großen Bild zusammengefügt zu werden. Das mag in Beobachtern den Eindruck erwecken, die Jungfrau sei distanziert und kühl. In Wahrheit

Mond in der Jungfrau: Stimmungen und Gefühle: Anspruchsvoll neigt er dazu, andere zu kritisieren; ist aber großzügig und hilfsbereit, wenn man ihn fragt.

Jungfrau und Widder

Die Jungfrau, die an einen Widder gerät, wird sich mit ziemlicher Sicherheit zunächst einmal auf einen sicheren Standpunkt zurückziehen, um dieses feurige Wesen zu beobachten. Gehört sie zu den gefestigten, selbstbewussten Vertretern ihrer Art, gibt sie diese Position jedoch bald auf. Tatsächlich haben Widder oft etwas Unwiderstehliches für Jungfrauen an sich. Sie locken das „Innere Kind" der Jungfrau zum Vorschein und helfen ihr, ganz ungewohnte, spielerische Qualitäten zu entwickeln. Der risikofreudige, draufgängerische Widder wird durch die Jungfrau etwas gebremst, und die spröde, rationale Jungfrau bekommt durch den Widder etwas mehr Dynamik. Ob aus dieser Theorie gelebte Praxis wird, entscheidet sich für Jungfrauen-Verhältnisse sehr schnell: Entweder erwärmt sie sich am inneren Feuer ihres Partners, oder sie beginnt, an ihm herumzuerziehen. Dann knallt es und die Wege der beiden trennen sich abrupt.

Jungfrau und Stier

Aufregend ist die Beziehung zwischen Jungfrau und Stier vermutlich nicht, aber durchaus ausbaufähig. Schließlich handelt es sich um zwei bodenständige Zeitgenossen, die mit beiden Beinen fest auf der Erde stehen. Nicht umsonst teilen sie sich dieses Element. Im Bett geht es

sind ihre Strategien, zu einem Urteil zu kommen, nur etwas zeitintensiver als die anderer Sternzeichen. Und zum Ärger dieser anderen, schnelleren – weil oberflächlicheren – Zeitgenossen, behält sie mit ihren Urteilen auch meist Recht.

Diese klare Urteilskraft macht die Jungfrau wirklich nicht zu jener ordnungsliebenden Haushälterin, die unsere Klischees von ihr zeichnen. Im Gegenteil, der Haushalt ist ihr ein Gräuel, vor allem, wenn von ihr unnötiger Firlefanz erwartet wird. Es ist schon schlimm genug, wenn eine Arbeit weder den Intellekt fordert noch in einem beständigen Ergebnis endet. Die Familienmitglieder haben ja doch kurz nach der Mahlzeit wieder Hunger, Gläser und Geschirr werden immer wieder schmutzig, und die Betten bleiben auch nicht gemacht.

Am ehesten lässt sich die Jungfrau mit dem Haushalt versöhnen, wenn die Dinge praktisch organisiert sind und funktionieren. Stört ein Familienmitglied ihr System, zieht sie sich überfordert zurück. Die dann folgende Unordnung ist allerdings auch nicht jener häufig beschworene Schatten; so wie die Ordnungsliebe eben auch keine Stärke darstellt, sondern nur eine Folge ihrer Art ist, das Leben zu erfassen.

Die Jungfrau als Partner

Erstaunlich viele Jungfrauen sind und bleiben zeit ihres Lebens Singles. Sie heiraten, wenn überhaupt, spät und suchen auch dann immer wieder kurzfristig die Einsamkeit. Das gilt übrigens für männliche Jungfrauen genauso wie für weibliche. Im Idealfall

☿ **Merkur in der Jungfrau:** Intellekt und Vernunft: Ein analytischer Geist mit großer mathematischer wie sprachlicher Begabung, der auf andere mitunter kühl wirkt.

diesen beiden Zeitgenossen nach kleinen anfänglichen Problemen sehr gut. Die Jungfrau wird den romantischen Stier mit ihrer abwartenden Distanz zunächst etwas verunsichern; so wie sie ihn vermutlich mit ihrer Neigung verblüfft, alles bis ins kleinste Detail zu analysieren. Doch er ist ein Mensch des Wortes und kann damit leben; zumal seine Glut im Bett das Geschöpf an seiner Seite schnell erwärmt. Wenn es zwischen Jungfrau und Stier Krach gibt, dann steckt in den meisten Fällen die Kritiksucht einer verunsicherten Jungfrau dahinter. Meist wird der Stier dies wegstecken. Aber wehe, sie übertreibt. Dann kommt trotz aller ruhigen Vorzeichen Unruhe in diese Beziehung.

Jungfrau und Zwillinge

Die beiden Jünger Merkurs haben ein merkwürdiges Verhältnis zueinander. Beiden ist die Kommunikation in die Wiege gelegt, beide sind Verstandesmenschen, beide sind geborene Forscher. Doch während die Jungfrau unerschütterlich in die unergründlichen Tiefen eines Problems herabsteigt, flattern die Zwillinge bereits weiter zur nächsten anregenden Geschichte. Für die Jungfrau ist solch ein Verhalten ärgerlich. Denn die Zwillinge haben auf diese Art und Weise ständig die Nase vorn. Zaubern sie dann auch noch ihre liebenswürdigen, heiteren Seiten hervor, bekommt die Jungfrau das Gefühl, ausgebootet zu

hat die Jungfrau vor einer festen Bindung eine Weile allein gelebt. Sie braucht das für ihre Entwicklung.

Gelingt es Ihnen, „Ihre Jungfrau" zu jenem Punkt zu führen, an dem sie beginnt, Ihnen zu vertrauen, haben Sie für lange Zeit einen unvergleichlich starken, loyalen und treuen Partner mit sehr großem Verantwortungsgefühl gewonnen. Jungfrauen halten selbst unter schwierigsten Bedingungen ihre Familien zusammen und stehen selbst dann noch fest zu ihrem Partner, wenn alle Anzeichen bereits auf Sturm stehen. Das heißt jedoch nicht, dass eine Jungfrau nicht in der Lage wäre, auch aus eigenem Antrieb eine Beziehung zu lösen. Ist sie erst einmal davon überzeugt, dass sich die Partnerschaft mit ihren Gefühlen überlebt hat, wird sie ohne weiteres Zögern gehen. Auch wenn Jungfrauen nicht zu den konfliktfähigsten Wesen im Tierkreis gehören, kann man sich fair mit ihnen auseinandersetzen. Die einzige Voraussetzung dafür ist, dass man klar, ruhig und ehrlich mit ihnen redet. Dann sind sie auch in extrem emotionalen Situationen gute Zuhörer. Sollten Sie zu jenen glücklichen Menschen gehören, die es schaffen, Humor und Selbstironie in eine Beziehung einzubringen, dann kann Ihre Beziehung mit einer Jungfrau kaum schief gehen.

Der hoffnungsvolle Anfang

Glauben Sie ja nicht, die Jungfrau Ihrer Wahl interessiere sich nicht für Sie, nur weil sie Distanz hält. Im Gegenteil, meist ist das sogar ein ausgesprochen gutes Zeichen.

Venus in der Jungfrau: Liebe und Leidenschaft: Seine schüchterne Zurückhaltung ist trügerisch, denn unter der introvertierten Schale wartet ein sinnliches Herz. ♀

werden. In gewisser Weise sind die Zwillinge die jugendlichen Jünger Merkurs, während die Jungfrau die ältere Variante ist. In einer Zeit, in der jugendliche Spannkraft mehr zählt als Reife, muss dies die Jungfrau verbittern. Die einzige Chance ist eine Koalition des Intellekts, der die beiden durch ein gemeinsames Leben führt.

Jungfrau und Krebs

Vermutlich braucht es diverse Umwege, bis sich Jungfrau und Krebs gefunden haben. Doch wenn es so weit ist, beginnt eine Erfolg versprechende Romanze. Beide Tierkreiszeichen sind von Natur aus zurückhaltend und bereit, vorsichtig miteinander umzugehen. Beide schätzen die Sicherheit einer bestehenden Beziehung höher als aufregende Abenteuer. Die Verstandesbetonte Jungfrau ist in der Lage, dem Krebs jene geistige Heimat zu geben, die er braucht. Der Krebs vergilt es ihr mit seiner Fantasie, die ihr Leben bereichert. Lassen Sie sich jedenfalls nicht von verbreiteten Klischeebildern einholen. So könnte es ein großer Reinfall werden, wenn Sie versuchen, Ihren Partner mit Heim und Familie zu ködern. Jungfrauen mögen zwar ein gemütliches Heim, sind dort aber lieber allein. Und Krebse frönen allzu gern in Abständen ihrem Wandertrieb. Seien Sie also ruhig ehrlich, vermutlich decken sich Ihre Vorstellungen jenseits aller Klischees dann doch.

Denn je schärfer sie beobachtet, analysiert und abwägt, desto wichtiger ist es ihr. Schlägt sie dagegen über die Stränge und landet mit Ihnen bereits am ersten Abend im Bett, dann können Sie mit an Sicherheit grenzender Wahrscheinlichkeit davon ausgehen, dass ihr Herz nicht mit im Spiel ist und es bei einer einmaligen Episode bleiben wird. Lassen Sie ihr also Zeit. Für Draufgänger hat sie sowieso nichts übrig. Vielleicht hilft es Ihnen beim Umwerben „Ihrer Jungfrau“, wenn Sie bedenken, dass sich kaum ein zweites Tierkreiszeichen derart selbst im Weg stehen kann wie dieses. Fassen Sie sich also etwas in Geduld. Sie werden sehen, es lohnt sich.

Am besten nähern Sie sich „Ihrer Jungfrau“ auf intellektueller Ebene. Sie ist ein Geschöpf Merkurs, liebt das gute Gespräch, die tiefgehende Analyse, den geistigen Austausch. So reagiert sie auf ein ansprechendes Äußeres oder erotische Anziehung auch deutlich weniger als auf das, was sie unter „geistiger Verwandtschaft“ versteht. Nutzen Sie den Drang der Jungfrau, „gebraucht“ zu werden. Wenn Sie ihr ein stichhaltiges Problem präsentieren, wird sie sich Ihnen mit all ihrer Kraft widmen.

Auf einen großartigen Aufputz oder eine aufwendige Inszenierung Ihres ersten Rendezvous können Sie getrost verzichten. Verschwenden Sie auch besser keine Energie in übertriebene Komplimente. Die Jungfrau lässt sich nicht so schnell täuschen. Wählen Sie für Ihr Treffen am besten einen Mittwoch, es ist der Jungfrauen-Tag. Achten Sie jedoch darauf, dass der oder die Umworbene nicht zu spät ins Bett kommt. Müdigkeit am nächsten Tag kann im Bewusstsein der Jungfrau den gesamten vorangegangenen Abend trüben.

♂ **Mars in der Jungfrau:** Tatkraft und Antrieb: Wartet ab, analysiert und entwickelt Strategien, bevor er ein Wagnis eingeht. Ohne Plan geht gar nichts.

Jungfrau und Löwe

Jungfrau und Löwe gehören zu jenen Konstellationen, die sich in Licht und Schatten wunderbar verzahnen und – persönliche Reife der Partner vorausgesetzt – zu einem harmonischen Ganzen zusammenfügen. Die meisten Menschen suchen in ihrem Partner bekanntlich das, was sie an sich schmerzlich vermissen. Und genau darin scheinen Zauber und heilende Kraft dieser Kombination zu liegen.

Die Sehnsüchte von Jungfrau und Löwe bekommen im Partner fast schon die Dimension von Karikaturen. So wird die unangemessene Bescheidenheit der Jungfrau zum Egotrip des Löwen, ihre mangelnde Selbstliebe zu seinem übersteigerten Selbstbewusstsein. Mit diesem Bild vor Augen schmerzen die eigenen Mängel plötzlich nur noch halb so sehr. Allerdings setzt eine derartige Beziehung die Fähigkeit voraus, sich ab und zu augenzwinkernd über die Mängel des Partners hinwegzusetzen und ihn liebevoll so zu nehmen, wie er ist.

Jungfrau und Jungfrau

Eigentlich brauchen Jungfrauen keinen Partner. Wenn sie sich doch auf eine Beziehung einlassen, zeigen sie eine deutliche Vorliebe für das eigene Sternzeichen. Es sind Beziehungen, die man mit dem Kreis, dem uralten Symbol der

Die Wahl des Ortes überlassen Sie am geschicktesten Ihrem Gegenüber, der Jungfrau. Vielleicht lädt sie Sie ja zu sich nach Hause ein – ein absolut positives Zeichen, denn dort fühlt sie sich sicher und geborgen und wird etwas schneller warm als an anderen Orten.

Sollten von Ihnen Vorschläge erwartet werden, könnten Sie mit so außergewöhnlichen Ideen wie einer Fabrikbesichtigung ungeahnte Erfolge für sich verbuchen. Oder Sie gehen auf Nummer sicher und laden die Jungfrau zu einem Spaziergang durch duftende Weizenfelder ein. Schenken Sie Ihr als Abschluss einen Kornblumenstrauß – und zwar ganz gleichgültig, ob Sie es mit einer männlichen oder einer weiblichen Jungfrau zu tun haben. Sie werden sehen, die Sache nimmt langsam, aber sicher ihren Lauf.

Der Eros der Jungfrau

Kaum etwas anderes verwischt unsere eigenen körperlichen, geistigen und seelischen Grenzen so stark wie ein leidenschaftlicher Orgasmus. Man kann kaum noch sagen, wo man selbst aufhört, wo der andere beginnt, wo oben und unten ist, rechts und links, innen und außen. Tränen und Lachen, Lust und Schmerz, Freude und Leid liegen in diesem einmaligen Augenblick des Höhepunktes untrennbar dicht beieinander. Oft purzeln all diese Gefühle ineinander und schlagen in einem unbeschreiblichen Chaos über dem Kopf zusammen.

Jupiter in der Jungfrau: Wachstum und Freiheit: Liebt es, im Stillen an Aufgaben und Projekten so lange herumzutüfteln, bis eine überraschende Lösung entsteht. ♃

Vollkommenheit vergleichen kann. Ohne ausdrücklichen Anfang und ohne ausdrückliches Ende scheinen sie einfach vorhanden zu sein. Verschiedene Ebenen erschließen sie jedoch nicht – weder auf erotischem noch auf ideellem Gebiet. Damit sind Beziehungen zwischen Jungfrauen fast schon ein „Auslaufmodell". In ihnen gelten alte Werte, die bis zur Vollkommenheit perfektioniert werden. Doch die Zeit ist weitergegangen, der Kreis wird in seiner Symbolik von der Kugel verdrängt. Beziehungen zwischen Jungfrauen sind für solche Entwicklungen nur schlecht gerüstet. Weitere Dimensionen bergen die Gefahr von zusätzlichem Chaos, und damit können und wollen beide Partner nicht leben.

Jungfrau und Waage

Von der Eroika zu Erotika – aber bitte ganz achtsam und bedächtig. So etwa ließe sich das erotische Annäherungsprogramm zwischen Jungfrau und Waage beschreiben. Zunächst werden diese beiden Kopfwesen sich vermutlich in die sicheren Gefilde ihres Intellekts verkriechen und gemeinsam ein ausgiebiges Kultur- oder Bildungsprogramm durchziehen.

In dieser Phase bleibt die Beziehung von Jungfrau und Waage besonders oft stecken, weil keiner von beiden das Signal zur körperlichen Annäherung gibt.

In Jungfrau und Waage begegnen sich zwei

Genau das ist der Grund, warum man Jungfrauen nachsagt, auch im Bett kühl und distanziert zu bleiben. In Wahrheit ist sie weder gefühlsarm noch frigide. Sie hat nur furchtbare Angst vor dem Unbekannten, dem Grenzauflösenden und dem darauf folgenden inneren Chaos. Das ist doch eigentlich ganz verständlich.

Sollte Ihnen eine Jungfrau mit moralinsauren Vorstellungen aufwarten, können Sie diese Anwandlungen getrost beiseite schieben. Am leichtesten geht das, indem Sie zunächst augenzwinkernd darauf eingehen und dann sehr klar Ihre erotischen und moralischen Vorstellungen präsentieren. Damit geben Sie der Jungfrau die Möglichkeit, direkt zu klären, was auf sie zukommt. Und sobald sie das weiß, ist sie alles andere als distanziert, kühl oder frigide.

Die Art, mit der Jungfrauen dann den Schein der Reinheit und Unberührtheit abzulegen pflegen, grenzt erfreulich stark ans Frivole. Glauben Sie allerdings ja nicht, statt mit Worten durch ungebremste Leidenschaft ihren inneren Widerstand überwinden zu können. Jungfrauen beiderlei Geschlechts lassen sich nicht überrumpeln. Deshalb sollten Sie auch erst gar nicht versuchen, ihr den Gebrauch eines Präservativs auszureden. Schließlich weiß sie um Aids und andere Widrigkeiten der Liebe. Und der Kopf spielt bei ihr eben immer mit.

Jungfrauen schätzen im Bett wie kaum ein anderes Zeichen des Tierkreises festgelegte Rituale: zunächst der ganz bestimmte, französische Rotwein, dann der Weg zum CD-Spieler, zur Duftlampe, ins gemeinsame Schaumbad, ins Schlafzimmer. Manchmal mag es wie ein Tick wirken, wenn die Jungfrau-Frau sich immer wieder

♄ **Saturn in der Jungfrau:** Verantwortung und Sicherheit: Sein Tiefgang ist beachtlich. Bisweilen erstarrt er jedoch zu Pedanterie, die den Blick auf Wichtiges verstellt.

scheinbare Zauderer. Doch während die Jungfrau beobachtet und analysiert, um Unbekanntes frühzeitig zu identifizieren, will die Waage durchaus Bekanntes miteinander verbinden. Von außen wirken die Verhaltensweisen der beiden also recht ähnlich, innerlich stecken allerdings völlig unterschiedliche Motive dahinter.

Jungfrau und Skorpion

Unmöglich ist diese Kombination nicht, einfach wird das Zusammenleben und -lieben von Jungfrau und Skorpion allerdings auch nicht. Warum auch, schließlich handelt es sich bei ihnen nicht gerade um unkomplizierte Vertreter im Tierkreis. Auch Jungfrau und Skorpion gehören zu jenen Tierkreiszeichen, die aufgrund zunächst ähnlich scheinender Verhaltensweisen viel voneinander profitieren können: Beide gehen den Dingen auf den Grund, haben ein klares Urteilsvermögen und wirken auf ihre Umgebung trotzdem oft seltsam verspannt.

Doch wo der Skorpion offen für alles ist, verschließt sich die Jungfrau. Sein Vereinigungsdrang ist ihr nicht geheuer, daher zieht sie sich immer stärker in ihre geordneten Gefilde zurück. Lässt er ihr jedoch genügend Zeit, so beginnt für sie eine ganz eigene Faszination von seiner ungeheuren erotischen Kraft auszugehen. Was dann folgt, können sich all jene, die ein Bild der prüden Jungfrau pflegen, kaum nachvollziehen.

das gleiche Negligé anzieht, obwohl es wirklich nicht besonders aufreizend ist und sie es erfahrungsgemäß nur wenige Minuten tragen wird. Lassen Sie sie. Derartige Rituale helfen ihr, sich zu entspannen und der Situation anzuvertrauen.

Jungfrauen sind über alle Sinne anzusprechen. Duft, Aussehen, Klang – all das erregt sie. Mit Worten kann man sie besser als mit jedem anderen Mittel in die Ekstase führen. Sie sind aber auch für erotische Bilder empfänglich. Bei der männlichen Jungfrau gilt es da allerdings, etwas achtzugeben. Denn sie ist für pornografische Darstellungen so zu haben, dass sie darüber oft die leibhaftige Liebe vergisst. Ansonsten gilt wie bei den Zwillingen: Akzeptieren Sie, dass die Leidenschaft bei diesen Wesen im Kopf beginnt. Doch bekanntlich sind die wahren Abenteuer ohnehin in unserem Kopf …

Der Jungfrau-Mann

Die männliche Jungfrau hat völlig zu Unrecht unter dem Klischee zu leiden, kein aufregender Liebhaber zu sein. Wenn Sie von Ihrem Partner ein Vorspiel erwarten, das bereits im Restaurant mit heißen Griffen in Ihr Dekolleté oder unter Ihren Rock beginnt, dann sind Sie allerdings wirklich an der falschen Adresse. Ein Jungfrau-Mann findet solche Aktivitäten unvorstellbar ordinär. Platte Witze stoßen ihn ab, und obwohl er eine Einladung in Ihr Schlafzimmer abwartet, darf diese nicht zu plump ausfallen.

Uranus in der Jungfrau: Veränderung und Bewegung: Ein vernünftiger Umgang mit sich und der Welt führt zu kleinen Schritten der Veränderung.

Jungfrau und Schütze

Jungfrau und Schütze leben in parallelen Welten. Die Jungfrau ist konservativ, bewahrend und verschlossen, der Schütze dagegen herausfordernd, offensiv und beweglich. Im besseren Fall hält die Jungfrau den Schützen für extravagant, im schlechteren disqualifiziert sie ihn als ewigen Pubertierenden. Gleichzeitig fühlt sie sich jedoch von dem unbekümmerten Schützen magnetisch angezogen. Genau dort liegen Berührungspunkt und Gefahr dieser Beziehung: Denn das jugendliche, desorientierte Gehabe des Schützen weckt in der Jungfrau das Bedürfnis, ordnend einzugreifen. Nur leider wird ihr Eingreifen nicht als „Entwicklungshilfe“ ausgelegt, sondern als Mütterlichkeit fehlinterpretiert. Der Schütze richtet sich häuslich bei der Jungfrau ein, missbraucht sie als Köchin und Wäscherin, die seine Hemden in Ordnung hält und sein Bett frisch bezieht; kurz, er verschleißt sie so wie ein Twen, der noch immer bei der Mutter wohnt.

Jungfrau und Steinbock

Für eine Jungfrau ist die Welt in den Armen eines starken Steinbocks rundherum in Ordnung. Sie fühlt sich verstanden und ihr Weltbild respektiert und ist dafür gerne bereit, dem Steinbock den Führungsanspruch zu überlassen. Und mit Recht, denn er wird sie kaum in die Irre führen.

Ansonsten ist der Jungfrau-Mann ein idealer Liebhaber für alle Frauen, die weder einen Macho noch einen Softie in ihrem Bett dulden mögen. Nie wird er über Sie hinwegbrausen. Und obwohl er als Sternzeichen mit weiblichen Qualitäten über viel Intuition, Sinnlichkeit und Feingefühl verfügt, wird er nie die Zügel gänzlich aus der Hand geben.

Die Jungfrau-Frau

Fühlt sich die weibliche Jungfrau erst einmal wohl, ist ihr Gefühlsleben im Bett entgegen der landläufigen Meinung unkompliziert und unverkrampft. Sie mag Sex, wenngleich ihr explosionsartige Leidenschaften fremd sind.

Tragisch oder verkrampft wird es mit ihr nur dann zugehen, wenn sie sich ein Kind wünscht, die Zeugung jedoch aus irgendwelchen Gründen nicht klappt. In solch einer Situation versteht sie den Sinn und Zweck von Liebe und Erotik nicht mehr. Sex verkommt dann in ihrer zornig verzweifelten Wahrnehmung zur unnötigen Turnübung.

Ihre erogenste Zone ist ihr Bauch. Vor allem die Region rund um ihren Nabel ist für Liebkosungen besonders empfänglich. Flüstern Sie ihr Zärtlichkeiten zu und beachten Sie ihre hingebungsvolle Wärme ausdrücklich, und diese Frau wird im Bett alles andere als eine kühle Jungfrau sein.

Neptun in der Jungfrau: Vorstellungskraft und Intuition: Gleichzeitig pragmatisch und emotional, lebt in einem Zwiespalt zwischen Vernunft und Gefühl.

Sie sind konservativ, zuverlässig und sehr vertraut miteinander. Das erleichtert es der Jungfrau auch im Bett, mit der heftig direkten und manchmal etwas skrupellosen Art des Steinbocks zurechtzukommen.
So schaut die eine Seite der Medaille aus. Doch manchmal kann man auch ganz andere Verbindungen zwischen Jungfrau und Steinbock beobachten. Vor allem, wenn eine ältere Jungfrauen-Frau und ein junger Steinbock-Mann ihre Umgebung irritieren, ist noch ganz etwas anders mit im Spiel. Viele junge Steinböcke suchen nämlich unbewusst die Auseinandersetzung mit ihrem Vater und proben beim Partner die Rebellion. Eine Jungfrau wirft da bald entnervt das Handtuch.

Jungfrau und Wassermann

„Was für ein intelligenter Zeitgenosse", mag sich die Jungfrau denken. Doch leider beginnt sofort ein intellektuelles Tauziehen, dass der Umgebung das kalte Grausen kommt. Doch so unangenehm der Kampf auf Außenstehende auch wirken mag, die beiden fühlen sich dabei gar nicht so unwohl. Zwar lebt der Wassermann aus innerem Bedürfnis im Chaos, während die Jungfrau ein überschaubares Leben liebt, in dem alles auf seinem Platz ist.
Das schließt sich erstaunlicherweise jedoch keineswegs aus. Denn das Chaos des Wassermanns ist ihm kein Grundbedürfnis, sondern entsteht

Das schnelle Ende

Mit einer Jungfrau können Sie sich auf ein abruptes Ende gefasst machen, wenn Sie sie nur entsprechend reizen. Denn obwohl sie zu den treuen und loyalen Wesen des Tierkreises gehört, ist sie durchaus in der Lage, einer überlebten Beziehung ein Ende zu setzen. Der Schlüssel, um eine Jungfrau zu vergrämen, ist Chaos. Wirbeln Sie permanent ihr Leben durcheinander. Lassen Sie sie nie im Klaren über den Ablauf der nächsten drei Stunden. Sprechen Sie in Rätseln. Machen Sie vage Andeutungen über drohendes Unheil. Laden Sie täglich ein Dutzend Freunde und Kollegen nach Hause ein. Kündigen Sie der Putzfrau. Rühren Sie keinen Finger, um im Haushalt zu helfen oder erklären Sie sich bereit, das Kochen zu übernehmen – eine großartige Gelegenheit, mit 15 benutzten und in der Küche verteilten Töpfen Chaos anzurichten.

Melden Sie in möglichst großer Runde Zweifel an den intellektuellen Fähigkeiten der Jungfrau an. Ziehen Sie ihre Meinung ins Lächerliche. Erzählen Sie in ihrem Beisein lauthals Halbwahrheiten über sie. Toben Sie herum – allein mit Ihrer Jungfrau zu Hause, oder, noch besser, vor Freunden und Bekannten.

Verabreden Sie sich mit Ihr zur Versöhnung im besten Restaurant der Stadt. Vergessen Sie, einen Tisch zu bestellen. Erscheinen Sie dort ungewaschen und in kurzen Hosen, am besten mit einer halben Stunde Verspätung. Wahrscheinlich bleibt der Jungfrau die Peinlichkeit erspart, mit Ihnen dort zu essen. Sie wird nach all dem, was war, vermutlich nur das akademische Viertel warten.

Pluto in der Jungfrau: Transformation und Neubeginn: Analytisch denkend steckt er voller Ideen für Veränderungen, die von praktischem Nutzen sind.

aus seiner Art zu denken; so, wie die Ordnung im Leben der Jungfrau nur das Ergebnis ihrer Art ist, die Welt zu sehen. Schätzen sich die beiden als gleichwertige, gleich starke Partner, profitieren sie sogar voneinander. Der Wassermann lockert die Jungfrau auf und nimmt ihr die Angst vor Neuem, während die Jungfrau ihn auf die Erde holt.

Jungfrau und Fische

Jungfrau und Fische fühlen sich oft in erstaunlicher Treue verbunden. Es ist die Überschaubarkeit ihrer tradierten Werte, die sie beieinander hält, auch wenn die Komplexität der Fische tatsächlich kaum überschaubar ist. Doch das stört die Jungfrau erstaunlich wenig – vor allem, weil sie diesen Umstand kaum bemerkt.
Sie spürt die Fische auf intellektueller Ebene, einem Gebiet, auf dem sie ihnen gut und gerne folgen kann. Die spirituellen Seiten ihres Begleiters sind ihr dagegen unheimlich und seine Gefühle zu stark. Daher muss sie Regeln und Werte aufstellen, die sie in seinem Beisein oft zu einem wandelnden Benimmbuch machen.
Fühlen sich die Fische in ihren Träumen betrogen, werden sie verschwinden. Doch viel wahrscheinlicher ist, dass sie die Struktur der Jungfrau nutzen, um in aller Ruhe weiterträumen zu können. Und manchmal beginnt dann sogar die Jungfrau zu träumen.

Die Waage und die Liebe

Die Waage ist ein ganz besonderes Zeichen im Tierkreis. Sie ist nämlich das einzige, das nicht durch ein Lebewesen, sondern durch einen Gegenstand repräsentiert wird. Dieser Umstand ist fast schon programmatischer Natur. Denn wer näher hinsieht, kann feststellen, dass tiefe Gefühle tatsächlich nicht die Sache der Waage sind. Sie bewegt sich lieber vorsichtig zwischen den verschiedenen Gefühlen und versucht, möglichst wenig (emotionale) Bewegung zu verursachen.

Trotzdem geistern die Waage-Geborenen als besonders lebenslustige, freundliche und kommunikative Wesen durch die Horoskope. Ihr einziger Mangel scheint in ihren Stimmungsschwankungen zu liegen. Dabei sind es gar nicht so sehr ihre Stimmungen, die sie hin und her schwanken lassen. Eher verführt sie ihr Drang, alle und alles zu verbinden, zu jenem unberechenbaren, wenig konsequenten Verhalten. Dahinter steckt die tiefe Angst vor Konflikten. Die Waage will geliebt und anerkannt werden, Streitigkeiten bedrohen sie bis in ihren tiefsten Urgrund.

Die Waage ist ein Meister, ihren Mitmenschen Informationen zu entlocken und sie in ihr Idealbild einer harmonischen Welt einzubauen. Dabei bedient sie sich aller nur denkbaren Strategien. Einmal beobachtet und analysiert sie ihre Umgebung kühl und distanziert, ein anderes Mal geht sie auf Tuchfühlung und quasselt dem anderen die Ohren voll. Treffsicher erfasst sie dabei die Ideale und die Gefühle ihres Gegenübers. Und die versteht sie geschickt in ihre eigenen Pläne einzubauen. „Wenn das so ist, dann sollten wir …" ist eine typische Waage-Formulierung, mit der sie das eigene Ziel blitzschnell zu einem Bedürfnis ihres Gegenübers umformuliert.

♎ **Mond in der Waage:** Stimmungen und Gefühle: Harmoniebedürftig und mit ästhetischem Empfinden, will beliebt sein und schöne Dinge um sich sammeln. ☽

Waage und Widder

Eigentlich sollte sich eine Waage in den Armen eines Widders ja zum Lustobjekt degradiert fühlen. Aber wenn es der Widder nur etwas geschickt anstellt, dann stört sie das überhaupt nicht. Sie ist von der Kraft ihres Gefährten fasziniert, lässt sich gerne von ihm zu ihren Zielen führen – und das kann ein ordentlicher Orgasmus genauso sein wie beruflicher Erfolg. Doch so weit muss es erst einmal kommen. Üblicherweise vermeiden Waage und Widder nämlich allzu starke Berührungspunkte und leben recht einträchtig nebeneinander her.
Die Eroberungsspiele der Waage machen den Widder rasend, und die Waage flieht vor den stürmischen Auseinandersetzungen mit dem Widder innerhalb und außerhalb des Bettes. Romantik und Harmonie kommen für ihren Geschmack mit diesem Zeitgenossen eindeutig zu kurz. Wenn die Waage erkennt, wie sehr sie von diesem Partner innerlich gewärmt wird, steht einer wunderbaren Partnerschaft nichts im Weg.

Waage und Stier

Auf den ersten Blick wirkt die Verbindung zwischen diesen beiden Jüngern der Venus vielversprechend. Und in gewisser Weise ist sie das auch. Beide Vertreter des Tierkreises sind sinnlich, beide sind aufmerksame Partner, die genau-

Erkennt die Waage in einem solchen Erkundungsprozess jedoch, dass ihre eigenen Wünsche und Ziele mit denen des anderen unvereinbar sind, dann wird sie schnell bei sich selbst Abstriche vornehmen. Sie versteht es, sich anzupassen und kann leicht Kompromisse eingehen. Meist merkt sie noch nicht einmal, wie sie ein Stück der eigenen Vorstellungen aufgibt. In Bruchteilen von Sekunden verändert sie einfach ihre eigenen Idealvorstellungen.

Die Waage als Partner

Auf die Dauer sind Waagen nicht gerade einfache Partner. Selbst wenn sie sich halbwegs im Gleichgewicht aufs Abwägen beschränken und nicht stark hin und her schwanken, muss man sich mit einer Waage auf ein unruhiges Leben gefasst machen.

Waagen werden von ihrer Umgebung entweder heftig geliebt oder genauso heftig gehasst. Auch das kann für den Partner recht aufreibend werden, zumal die Waage von der ihr entgegengebrachten Abneigung völlig aus dem Gleichgewicht gebracht wird. Sie möchte viel lieber bewundert werden und hasst Streit, gießt jedoch oft mit mehr oder minder bewussten Sticheleien noch Öl ins Feuer. Der Partner soll mit seiner Liebe und seiner Bewunderung die Abneigung der anderen ausgleichen – aber so maßlos, wie die Waage dies einfordert, muss er daran scheitern.

Auch der fatale Hang zum (wahllosen) Flirt kann dem Partner einer Waage schwer zu schaffen machen. Sie können zwar ziemlich sicher sein, dass „Ihre Waage“

☿ **Merkur in der Waage:** Intellekt und Vernunft: Erfasst rasch, denkt analytisch und ist ein guter Beobachter. Verbindet bekannte Fakten blitzschnell neu. ♎

so gern den anderen verwöhnen wie sie selbst genießen, und beide sind einfühlsam und harmoniebedürftig. Doch leider – bei allem Vereinigungsdrang, den sie von ihrer Herrscherin, der Venus, mitbringen, bleibt ihre Verbindung meist oberflächlich. Aber die beiden haben durchaus eine Chance, miteinander in tiefere Ebenen des menschlichen Seins vorzustoßen. Denn beide lieben das Wort und sind gute Gesprächspartner. Die Waage wird eher von der intellektuellen Seite einsteigen, der Stier eher von der emotionalen. Mit einem Minimum an Bereitschaft, dem anderen tatsächlich zuzuhören und ihn zu verstehen, können beide ganz neue Dimensionen für sich erschließen.

Waage und Zwillinge

„Die wahren Abenteuer sind im Kopf“, und bei Waage und Zwillingen sind sie ansonsten tatsächlich nirgendwo. Denn in dieser Kombination eröffnet sich die Welt des Geistes, der wenig bis nichts mit großen Leidenschaften und Gefühlen zu tun hat. Das liegt nicht zuletzt daran, dass diese beiden Vertreter des Tierkreises einen merkwürdig ambivalenten Zugang zu Eros und Liebe haben. Die Waage besteht – ganz unabhängig von ihrem biologischen Geschlecht – zu annähernd gleichen Teilen aus weiblichen und männlichen Merkmalen. Das macht sie zwar nicht zu einem asexuellen Wesen wie die Zwillinge, doch

zurückschreckt, bevor sie die Versprechen ihrer heißen Blicke einlösen muss, doch so genau weiß man es nie. Schließlich ist dieses Wesen ständig auf der Suche nach einer noch besseren Entsprechung seines inneren Idealbildes. Außerdem verändern sich mit der Zeit nicht nur die Menschen, sondern auch ihre Ideale. Und so könnte es sein, dass Ihre Waage nur für eine Lebensphase bei Ihnen bleibt. In dieser ist sie aber ein denkbar großzügiger und amüsanter Begleiter, der Streitigkeiten nie lange nachträgt und auch sonst viel zur Harmonie der Beziehung beiträgt.

Der hoffnungsvolle Anfang

Die Waage wird von der Venus regiert, Harmoniebedürfnis und der Drang zur Vereinigung bestimmen ihr Leben. Wie kaum ein anderes Zeichen des Tierkreises haben Waagen das Gefühl, nur ein Teil eines Ganzen zu sein. Und so begeben sie sich auf eine intensive Suche nach dem fehlenden Zweiten, ihrer „Zwillingsseele", ihrem Alter Ego. Ihr Interesse zu erwecken ist deshalb nicht besonders schwierig.

Wer mit einer Waage erstmals ins Gespräch kommt, sollte ihr zunächst die Führung überlassen. Peinliche Stille oder verlegene Gesprächspausen tauchen auf diese Art und Weise ganz sicher nicht auf. Die Waage wird nämlich unverzüglich damit beginnen, Ihnen ein Loch in den Bauch zu fragen. Schließlich will sie ihr Gegenüber ganz genau erfassen. Der schier unversiegbare Redestrom der Waage gibt Ihnen die Möglichkeit, das Objekt Ihrer Begierde ausgiebig zu studieren. Schauen Sie sich die-

Venus in der Waage: Liebe und Leidenschaft: Attraktiv, betörend und begehrt, bekommt er, wen oder was er will; kann es aber oft nicht lange halten.

hat sie dadurch oft Probleme, ihre Sexualität klar wahrzunehmen. Die eigene erotische Leidenschaft birgt die Wahl, sich für den Augenblick ganz dem Männlichen oder ganz dem Weiblichen hinzugeben. Begegnet sie dann auch noch einem Zwilling, der selbst von Rolle zu Rolle hüpft, ist die Orientierungslosigkeit perfekt.

Waage und Krebs

Waage und Krebs ziehen ziemlich ungerührt aneinander vorbei. Und tun sie dies nicht, dann trennen sie sich in der Regel bald wieder. Diese beiden Vertreter des Tierkreises scheinen nicht viel miteinander zu teilen, weder im Positiven noch im Negativen. Das Desinteresse rührt aus einem sehr frühen Zeitpunkt des Aufeinandertreffens. Die abwartende und abwägende Waage erkennt rasch, dass sie kaum in der Lage sein dürfte, den undurchschaubaren Krebs zu lenken. Und der Krebs wird seinerseits erst gar nicht näher an die Waage herantänzeln, da sie ihm viel zu oberflächlich erscheint. Spätestens dann, wenn der Krebs Zeuge einer ihrer Einkaufstouren wurde, wird er sich entsetzt abwenden. Mit solch einem verschwenderischen Wesen hat er lieber nichts zu tun. Dabei ist das zumindest auf erotischer Ebene schade. Sie finden in ihrem Gegenüber nämlich genau jene zärtliche und einfühlsame Seele, die sie sich als Bettgenossen wünschen.

ses sensible Geschöpf ganz genau an. Registrieren Sie nicht nur die offensichtlichen Vorzüge, sondern versuchen Sie, auch den verborgenen auf die Schliche zu kommen. Nutzen Sie das erste Luftholen Ihres Gegenübers aus, um der Waage ein Kompliment zu machen. Das braucht sie wie die Luft zum Atmen. Doch während es bei anderen Zeichen des Tierkreises völlig ausreicht, die bewundernden Worte richtig zu dosieren, muss man bei der Waage auch auf die Wahl des Motivs achten.

Grundsätzlich gilt: Je ausgefallener das Kompliment ist, desto eher glaubt sie Ihnen, und desto wirkungsvoller wird es sein. Loben Sie hingegen die offensichtlichen Vorzüge, zweifelt die Waage an Ihrer Aufrichtigkeit. Das klingt merkwürdig, ist jedoch leicht nachvollziehbar. Waagen können ohne Komplimente nicht leben. Wer sie ihnen nicht freiwillig, macht, wird schlicht und ergreifend dazu gezwungen. „Jetzt sag doch mal, dass das nett (klug, toll, bewundernswert, schön …) war." So oder so ähnlich klingt das dann, wobei die Waage natürlich auf jene Eigenschaften zurückgreift, die man ganz objektiv loben muss. Das Manöver klappt so gut wie immer, doch im Grunde weiß die Waage um den Zwang und kann sich deshalb nicht so recht freuen.

Sind Sie über das erste Gespräch hinaus, haben Sie die einmalige Gelegenheit, die Verführungskünste einer Waage in aller Ausgiebigkeit kennenzulernen. Stellen Sie sich auf eine fantasievolle, abwechslungsreiche Zeit ein. Aber stellen Sie sich auch darauf ein, dass es eine ziemlich lange Zeit wird. Machen Krebse in Liebessachen zwei Schritte vor und einen zurück, so gehen Waagen einen Schritt vor und zwei zurück. Einem direkter veranlagten Menschen kann ihr ständiges Abwägen, dieses leichte Hin

♂ **Mars in der Waage:** Tatkraft und Antrieb: Ein Spieler, der oft alles auf eine Karte setzt, um dann aber das Interesse zu verlieren, sobald der Sieg sicher scheint. ♎

Waage und Löwe

Waage und Löwe sind eine erfolgversprechende Kombination. Der Löwe verfügt über jene Tatkraft, die der Waage fehlt. Und die Waage hat die Ideen, die dem Löwen allein kaum in den Sinn kommen. Doch stoßen sie im täglichen Leben auf Verhaltensbarrieren. Die sind zwar nicht unüberwindbar, können aber lästig werden.
Oft beginnt es schon mit dem, was eine Waage unter Diplomatie versteht und was der Löwe schlicht eine Lüge nennt. Passt sich die Waage in ihrem Harmoniebedürfnis an eine Situation an und schließt sie Kompromisse, so reagiert der Löwe mit Ungeduld ob des mangelnden Rückgrates. Und wird er dann richtig wütend, entwickelt sich ein Streit, was die Waage hasst.
All diese Unterschiede bergen aber auch den Lösungsansatz in sich. So bringt es die Waage aufgrund ihrer Kompromiss- und Anpassungsfähigkeit fertig, dem Löwen die Pascharolle zu lassen. Zumindest theoretisch.

Waage und Jungfrau

Die Zeit des Kennenlernens verläuft zwischen Waage und Jungfrau unterkühlt. Beide warten zunächst einmal ab, wer und was da in der Gestalt des anderen auf sie zukommt. Finden sie Gefallen aneinander, taucht das Problem des ersten Signals auf. Es kann leicht passieren, dass

und Her, der permanent im Raum stehende Rückzug auf die Nerven gehen. Sie sollten sich trotzdem darauf einlassen; nicht zuletzt deshalb, weil die Waage ohne ihr Eroberungsspiel schnell das Interesse an ihrem Gegenüber verliert.

Für die ersten Rendezvous können Sie getrost ihr gesamtes romantisches Repertoire auspacken. Besuchen Sie mit der Waage stimmungsvolle kleine Lokale mit Pianospieler im Kerzenschimmer. Setzten Sie sich mit ihr Händchen haltend an ein Fluss- oder Seeufer. Sehen Sie sich im Kino einen alten Liebesfilm mit Happy End an. Oder lesen Sie ihr aus einem Band Liebesgedichte vor. Bevorzugen Sie es aktiver, dann gehen Sie mit Ihrer Waage auf einen Jahrmarkt oder einen Rummelplatz, fahren Sie mit ihr Schiffsschaukel und kaufen Sie ihr Zuckerwatte und Currywurst.

Machen Sie allerdings nicht zu viele Vorschläge für die Gestaltung Ihres gemeinsamen Abends. „Was möchtest du denn?“ wird wahrscheinlich die einzige Antwort sein, die Sie aus ihr herausholen können. So nervtötend das manchmal sein mag, die Waage meint es völlig ehrlich. Ihr ist Harmonie das einzig wirkliche Bedürfnis, alles andere ist so nebensächlich, dass sie gerne Ihre Vorlieben mit Ihnen teilt. Im Großen und Ganzen können Sie also tun und lassen, was Sie wollen.

Der Eros der Waage

Im ganzen Tierkreis gibt es kaum einen besseren Liebhaber und kaum eine bessere Liebhaberin als eine mit sich und der Welt in Einklang lebende Waage. Die Waage-

♎ **Jupiter in der Waage:** Wachstum und Freiheit: Schönheit und Harmonie bleiben sein Leben lang der Motor des Wachstums, seine Fantasie ist der Treibstoff. ♃

nichts passiert, weil beide Teile auf die Initiative des anderen warten. Funkt es doch, dann bekommen die beiden plötzlich eine ganze besondere Chance, etwas über sich selbst dazuzulernen. Im Spiegel des Partners werden sie mit der Wirkung bestimmter eigener Verhaltensweisen konfrontiert. Doch da die diesen Mustern zugrunde liegenden Motive sehr unterschiedlich sind, unterscheiden sich auch die Lösungsstrategien von Waage und Jungfrau. Die Waage kann von der Jungfrau neue Techniken lernen, um ihre Waagschalen auszutarieren. Im Gegenzug bekommt die Jungfrau die Chance, sich von der Waage einen umgänglicheren und kompromissbereiteren Umgang mit anderen abzuschauen.

Waage und Waage

Zwei Waagen, die aufeinandertreffen, üben eine magnetische Anziehungskraft aufeinander aus. Da wird kein langes, umständliches Abwägen notwendig. In diesem Fall wissen die Beteiligten sofort: Die Waagschale neigt sich eindeutig diesem vertrauten Wesen zu. Die Beziehung beginnt wie ein Traum: Romantik und Harmonie, achtsames Geben und Nehmen, vertrauter Überschwang und ebenso vertraute Zurückhaltung. Wer zwei Waagen in der Anfangszeit ihrer Beziehung erlebt, ist sich sicher, ein Traumpaar vor sich zu haben. Wenn nämlich nach einiger Zeit die ersten kleinen Probleme auftauchen, gibt es

Frauen besitzen stark ausgeprägte Merkmale männlicher Sexualität, die Waage-Männer ebenso ausgeprägte weibliche Züge. Kombiniert mit der Ästhetik und dem Feingefühl dieser Venus-Jüngerinnen und Jünger wird eine erotische Begegnung zu einem wahren Fest der Sinne.

Die größte Gefahr für sinnliche Freuden droht, wenn die Waage beginnt, ihre ästhetischen Ideale als Maßstab zu verwenden. Die Waage-Frau legt ihn vor allem bei sich an und wird unsicher und verkrampft, wenn ihr Körper nicht in jedem Punkt mit der Vorlage übereinstimmt. Dann verkommt ihre Erotik zu einer gelangweilten Pflichtübung unter der Bettdecke. In solch einem Fall hilft nur eins: Beginnen Sie, gemeinsam mit „Ihrer Waage" zu fasten, besuchen Sie mit Ihr ein Fitnesscenter und unterstützen Sie sie auch in jeder anderen denkbaren Hinsicht, sich ihrem Ideal zu nähern. Vielleicht lässt sich ja auch mit diesem Ideal was machen?

Die Liebe und das Liebemachen ist Dreh- und Angelpunkt der Welt einer Waage. Aber es ist eben eine idealisierte Liebe und eine idealisierte Erotik, so, wie sie als Vorlage für Hollywood dienen könnte – Happy End inklusive, versteht sich. Berücksichtigen Sie das und berücksichtigen Sie auch, dass Sie es mit einem Perfektionisten sondergleichen zu tun haben. Am besten gehen Sie damit um, indem Sie Ihr Liebesspiel ritualisieren.

Bringen Sie „Ihrer Waage" stets den gleichen Wein, die gleichen Blumen mit. Legen Sie immer wieder die gleiche Schallplatte auf. Beginnen Sie mit ihr zu tanzen und streicheln Sie dabei Ihr Kreuz und Ihre Pobacken. Tanzen Sie nach einer Weile

♄ **Saturn in der Waage:** Verantwortung und Sicherheit: Ist die Entscheidung getroffen, ist er zuverlässig und loyal. Bis dahin fällt es ihm schwer, eine Linie zu halten. ♎

niemand, der ihnen nachgeht und versucht, sie zu lösen. Im Gegenteil, beide sind Meister darin, Schwierigkeiten unter den Teppich zu kehren. Dort wuchern sie unbeobachtet weiter, bis eines Tages aus dem kleinen Problem eine schier unlösbare Herausforderung geworden ist. Wer sie so erlebt, weiß, was ein Albtraum-Paar ist.

Waage und Skorpion

Kann eine Waage auf einen weniger geeigneten Partner treffen als auf einen Skorpion? Um es vorwegzunehmen: Sie kann. Sie kann es allerdings auch reibungsärmer treffen. Zuerst einmal finden sich die beiden jedoch unwiderstehlich. Die anpassungsfähige Waage ist in erotischer Hinsicht genau das, was sich ein Skorpion unter einem idealen Liebespartner vorstellt. Sie muss sich allerdings schnell entscheiden.

Auf Sicht wird es jedoch schwierig. Skorpione sind den Waage-Geborenen zu fanatisch, zu eifersüchtig und zu streitlustig. Doch an all das könnte sich die bewegliche Waage ja noch gewöhnen. Wäre da nicht dieses fest gemauerte Weltbild des Skorpions, mit dem die Waage rein gar nichts anfangen kann.

Betrachten die beiden ihre unterschiedlichen Charaktere jedoch als Aufgabe, persönlich zu wachsen und zu reifen, und übt sich vor allem der Skorpion in Toleranz, dann eröffnen sich große Lebenschancen.

mit Ihr Richtung Bett, öffnen Sie dabei mit einer Hand ihre Kleidungsstücke. Waagen beiderlei Geschlechts lieben ein langes, ausgedehntes Vorspiel. Genießen Sie ruhig auch einmal die Zärtlichkeiten der Waage. Dieses Tierkreiszeichen lässt sich nicht nur gern verwöhnen, es umsorgt auch seinerseits den Partner mit ungeheurer Ausdauer.

Der Waage-Mann

Waage-Männern ist es manchmal lieber, über die Liebe zu reden, als sie zu machen. Auch sie haben ausgeprägte Anteile vom Eros des anderen Geschlechtes, sind feinfühlig, ästhetisch und anschmiegsam. Und auch sie haben den Kopf voller Ideale.

Aber anders als ihr weibliches Pendant vergleichen sie lieber die Partnerin als sich selbst mit ihrem inneren Bild. Versuchen Sie erst gar nicht, ihm die Augen zu verbinden, um einen Vergleich zu hintertreiben. Er registriert auch blind die kleinste Abweichung.

Kommt der Waage-Mann darüber hinweg, wird er mitunter zu einem hinreißenden, ausdauernden Liebhaber, der die Vielfalt und das Experiment zu schätzen weiß. Kaufen Sie sich Jasminöl und reiben Sie ihm damit Rücken, Kreuz und Lenden ein. Er wird ihre Anregung begeistert aufnehmen und auch Sie einreiben. Streicheln Sie die Innenseiten seiner Oberschenkel und Oberarme und schieben Sie ihn sacht an seinen Hüften in die Ihnen angenehmste Position. Er wird mit Freuden darauf eingehen.

Uranus in der Waage: Veränderung und Bewegung: Ein geborener Diplomat, der ein Leben zwischen den Polen auf dem Weg zu Gerechtigkeit und Harmonie lebt.

Waage und Schütze

Waage und Schütze sind ein unterhaltsames Gespann. Es geht ihnen so gut miteinander, dass beide vor allem ihre fröhlichen und optimistischen Wesenzüge ausleben. Allerdings neigen beide dazu, auftauchende Probleme unter den Teppich kehren. Die Waage vermutet hinter dem Auftreten des Schützen einen Partner, der ihr Sicherheit und Stärke geben kann und ihr hilft, ihre Waagschalen im Gleichgewicht zu halten.
Der Schütze ist jedoch gleichfalls von geteilter Natur und schwankt auf seine Weise ebenso stark wie sein Partner. So muss er sich zwangsläufig von den Wünschen und Erwartungen der Waage überfordert fühlen. Vermutlich wird er sich mit einem Wutanfall aus diesen Ansprüchen befreien, doch dann ergreift er die Flucht. So gehören die beiden zu jenen Traumpaaren, die sich nach einigen Jahren scheinbar idealer Ergänzung zum Entsetzen der Freunde wieder trennen.

Waage und Steinbock

Wenn Waage und Steinbock zu einem Paar zusammenfinden, dann hat man schon fast das Gefühl, das Schicksal arbeitet mit dem Holzhammer, um den beiden etwas beizubringen. Starr, herb und einseitig kommt der Steinbock der Waage vor. Wobei sie wahrscheinlich in der letzten Eigenschaft den größten vermeidbaren

Die Waage-Frau

Die Waage-Frau will bei der Liebe gesehen und bewundert werden. Doch sie hält den Mann hin und treibt mit den fantasievollsten Einfällen und ein wenig mädchenhafter Ziererei die Vorfreude auf die Spitze – und wenn Mann sie lässt, vielleicht sogar noch darüber hinaus.

Sie ist im Becken aufreizend biegsam und kann mit kleinen kreisenden Bewegungen eine unglaublich laszive Wirkung entfalten. Wer es schafft, sie zu einem Bauchtanz zu animieren, wird noch lange an dieses Erlebnis und seine Folgen denken. In vollendeter Meisterschaft setzt sie auch durchsichtige Wäsche und Lichteffekte, Spiegel an den Wänden und an der Decke ein.

Gehen Sie nicht zu grob mit ihr um. Waage-Frauen möchten weder zerzaust werden, noch lieben sie Kratz- oder Bissspuren. Ansonsten sind sie für fast alles zu haben. Ihr Repertoire reicht von platonischer Anbetung bis zum leidenschaftlichen Sturm der Sinne, und sie sind auch Experimenten gegenüber nicht abgeneigt.

Das schnelle Ende

Eigentlich ist es nicht besonders schwer, eine Waage wieder loszuwerden. Sie müssen nur ihre Ideale ins Lächerliche ziehen und sie ordentlich desillusionieren. Und das am besten auf allen Ebenen.

♆ **Neptun in der Waage:** Vorstellungskraft und Intuition: Kämpferischer Idealist, der für seine Ideen kämpft. Verliert er, droht ein Untergang in Drogen oder Depression. ♎

Fehler ihres Gesponses sieht. Als Retourkutsche bekommt sie vom Steinbock ihre Wankelmütigkeit präsentiert, woran sie wiederum kaum etwas Negatives finden kann.
Der Sex-Appeal der Waage zieht den Steinbock zweifellos an. Aber in diesem Fall muss er aktiv werden. Ist die Attraktion groß genug, überwindet er sich sogar dazu. Doch nimmt er dies der Waage übel und lässt sie hinterher im Bett seine Herrschaft spüren. Eine sensible Waage mag den Grund seines Ärgers erraten und versuchen, ihn mit ihren Liebesgaben versöhnlich zu stimmen. Da er jedoch gleichermaßen Probleme beim zärtlichen Nehmen wie beim Geben hat, ist auch dieser Versuch zum Scheitern verurteilt.

Waage und Wassermann

Im Wassermann begegnet der Waage ein Führer in ein spannendes Leben. Eigentlich fände sie diesen Zeitgenossen, dessen unorganisiertes Chaos entfernt an die Folgen ihrer eigenen Spontaneität erinnert, ja auch recht attraktiv. Doch leider ist der Wassermann bereits weitergezogen, während sie noch abwägt, ob sie sich auf das Abenteuer einlassen soll. Im Grunde will auch er lieber umworben werden als selbst zu werben. Die besten Chancen hat dieses Paar, wenn es sich bereits aus gemeinsamen Sandkastentagen kennt. Wird diese alte Vertrautheit irgendwann durch den Reiz der Erotik ergänzt, kann es sein,

Nehmen Sie mindestens fünf Kilo zu, waschen Sie sich nicht mehr und verzichten Sie vor allem darauf, Ihre Zähne zu putzen. Schleppen Sie das Objekt Ihrer Unlust nur noch in verrauchte Kneipen, wo Insiderrunden heftige Streitgespräche führen, bei denen die Waage nicht mitreden kann. Fragt sie höflich nach, weil sie das eine oder andere nicht verstanden hat, sollten Sie jegliche Antwort brutal unterbinden. Geben Sie „Ihrer Waage" zu verstehen, dass sie dies ohnehin nicht verstehen könne, dass Männer (Frauen, Akademiker, Nichtakademiker, Oldies ...) dazu nichts zu sagen hätten.

Brechen Sie auf dem Heimweg einen Streit vom Zaum. Waagen streiten nicht gerne, daher wird dies gar nicht so einfach sein. Aber wenn Sie sich nach einem spannungsgeladenen Abend etwas Mühe geben, wird es Ihnen gelingen. Gehen Sie aber in Deckung. Das Wesen, das Sie so harmoniebedürftig und kompromissbereit kennen, kann auch ordentlich brüllen. Aber es hasst sich dafür, weil solche Ausbrüche so gar nicht den eigenen Idealen entsprechen. Und das wiederum ist Ihre Chance. Denn Sie erinnern sie ab diesem Tag an ihre dunklen Seiten.

Wenn das alles nicht hilft, dann beginnen Sie, die Waage permanent zu kritisieren. Nehmen Sie vor allem die körperlichen Mängel der Waage aufs Korn. Das erträgt sie am allerwenigsten. Rechnen Sie ihr ihre Falten vor, ihre überflüssigen Pfunde, ihre verlebten Jahre. Und verweigern Sie ihr konsequent jegliches Kompliment und jegliche Anerkennung. Bevor die Waage erstickt, geht sie. Sie werden sehen.

Pluto in der Waage: Transformation und Neubeginn: Anpassungsfähig und leidenschaftlich, aber auch unschlüssig und unbeständig verblüfft er seine Umgebung.

dass beide ihre Zurückhaltung vergessen. Doch erinnert das ganze mehr an ein Versehen als an eine dauerhafte Beziehung. Sie bleiben meist nur deshalb zusammen, weil es so herrlich bequem ist und sie sich schließlich sympathisch sind. Oder sie trennen sich, um die alte Freundschaft nicht unnötig zu belasten.

Waage und Fische

Ist da nicht ein gehöriges Quäntchen Eifersucht? In den Fischen begegnet der Waage plötzlich jemand, der das Recht auf fantastische Ideen gepachtet zu haben scheint. Wo dies doch ansonsten ihr Vorrecht ist! Doch genauer betrachtet, gefällt ihr diese Ähnlichkeit ganz gut, kann sie doch von dem Esprit der Fische profitieren und sich ihrem Charme nicht entziehen.

Was dieses Treffen besonders anziehend macht, ist die Erotik. Die Waage ist zwar eine Dienerin der Venus und fühlt ein schier unerschöpfliches erotisches Potential in sich. Doch ist ihr ein wenig die körperliche Sinnlichkeit abhandengekommen beim Ausgleich zwischen männlichen und weiblichen Aspekten. Mit Körperfreuden hingegen können die Fische dienen. Als Jünger Neptuns sind sie der Archetypus weiblicher Hingabe. Und im Bett pflegen sie eine Leidenschaft, die nicht viel mit unterkühlten Vorurteilen zu tun hat. Da unterwirft sich die Waage nur zu gern.

Der Skorpion und die Liebe

Mag sein, dass der Skorpion tatsächlich der komplizierteste Vertreter des Tierkreises ist. Der undurchschaubarste ist er in jedem Fall. Dabei widmet sich dieses widersprüchliche Wesen wie kein zweites der Innenschau. Der Skorpion wird von Pluto, einer entwickelten Form des Mars, regiert. Und so will der Skorpion nicht nur bis auf den Urgrund aller Dinge abtauchen, sondern sprüht dabei noch vor Energie und Kampfeslust. Tod und Geburt, Vergänglichkeit und Neubeginn sind die ewigen Konstanten im Leben des Skorpions.

Pluto und Mars drängen ihn zu herrschen, doch ist der Skorpion auch ein weibliches Zeichen, das im Wasser zu Hause ist. Diese Aspekte sorgen dafür, dass er seinen Machtanspruch nicht mit einer so unbekümmerten Egozentrik lebt wie der Löwe. Dem Skorpion fehlt die entspannte Selbstverständlichkeit, um sich unangefochten auf einem Thron halten zu können. Auch das gibt ihm oft den Anschein, ein starrköpfiger, unwirscher und egoistischer Zeitgenosse zu sein. Denn er wird sich eher selbst zerstören, als sich einem anderen zu unterwerfen. Hat er es scheinbar doch getan, ist allerhöchste Gefahr im Verzug.

Wer es mit einem Skorpion zu tun bekommt, sollte trotz aller Herausforderungen im Auge behalten, dass er es mit einem ausgesprochen sensiblen, gefühlvollen und intuitiven Geschöpf zu tun hat, in dessen Inneren die feminine und die maskuline Seite ständige Kämpfe ausfechten. Dass der Skorpion dabei Sensibilität oft mit Empfindlichkeit verwechselt, sei ihm verziehen. Ab und zu gilt wohl für jeden von uns der Vergleich mit dem rohen Ei.

Mond im Skorpion: Stimmungen und Gefühle: Voller Energie und Leidenschaft, auch voll Eifersucht. Seine Gefühle sind dramatisch, sein Einsatz bedingungslos.

Skorpion und Widder

Der hartnäckige, geduldige Skorpion und der überschäumende, ungeduldige Widder versprechen eine interessante Kombination. Theoretisch könnten sich die beiden gegenseitig wunderbar begrenzen und hätten daher viel aneinander zu lernen. Doch werden aus ihren Auseinandersetzungen in der Regel beide als Verlierer hervorgehen. Denn der Skorpion ist ein Krieger der kalten List, der Widder dagegen ein Streiter der heißen Wut. Und so bekommen schnell beide das Gefühl, ungerecht behandelt zu werden.
Im Bett der beiden geht es mit Sicherheit hoch her. Beide lieben Sex ohne Schnörkel und kennen weder die Grenzen der Scham noch die des Schmerzes. Trotzdem besteht die Gefahr, dass der Widder den Skorpion in seiner unbedachten Art verletzt und es noch nicht einmal merkt. Dann ist auch das Feuer im Bett erloschen, die beiden begeben sich auf ihre Egotrips und ziehen auseinander.

Skorpion und Stier

Skorpion und Stier ergeben ein kraftvolles Paar auf allen Ebenen, das hervorragend miteinander umzugehen versteht. Beide sind mächtig, beide sind besitzergreifend. Für Kinder aus dieser Beziehung mag die Konkurrenz der Eltern manchmal erdrückend wirken, doch innerhalb

Wer es schafft, Verletzungen durch den Skorpion mit etwas Distanz hinzunehmen, muss diesem Wesen sogar ausgesprochene Hochachtung entgegenbringen. Ein Skorpion versucht nicht nur, den Dingen in seiner Umgebung auf den Grund zu gehen, wie es beispielsweise die Jungfrau macht. Er dehnt seine Beobachtungen auch auf sich selbst aus. Viele oberflächlicher veranlagte Menschen empfinden seine Innenschau als egozentrisch oder halten den Skorpion für neurotisch. Dabei ist seine Begabung, menschliche Schatten nicht zuletzt bei sich selbst zu suchen, eigentlich bewundernswert. Dass er durch seine theatralische Ader manchmal in paranoide Selbstzerstörung getrieben wird, steht dabei auf einem anderen Blatt.

Der Skorpion als Partner

Mit einem Skorpion an Ihrer Seite haben Sie zwei Möglichkeiten: Entweder begegnen Sie seinen Launen mit unendlich viel Geduld. Schließlich wissen Sie ja, dass Ihr Partner sich selbst mindestens genauso kritisch gegenübersteht wie seiner leidenden Umgebung.

Oder Sie wagen den Kampf. Denn eigentlich braucht ein Skorpion Widerstand. Unterwürfigkeit ist ihm verhasst.

Eine Auseinandersetzung mit ihm ist allerdings nur etwas für starke Nerven. Er ist nämlich ein erbitterter, eiskalter Streiter, der auch in diesem Bereich den Dingen auf den Grund zu gehen pflegt. Stößt er dort auf gute Gegenargumente und einen auf-

☿ **Merkur im Skorpion:** Intellekt und Vernunft: Ein scharfsinniger Geist, der zum gefürchteten Gegner in Diskussionen werden kann. Verletzungen sind nebensächlich.

der Zweierbeziehung entstehen kaum Probleme. Denn sowohl der Skorpion wie auch der Stier besitzt die Gabe, sich den Herrschaftsallüren des Partners unauffällig entziehen zu können.
Im Bett sind die beiden kaum zu übertreffen. Die Venus des Stieres bringt Licht in die Unterwelt des Pluto und seine erdige, körperliche Sinnlichkeit ergänzt die metaphysische Erotik des Skorpions optimal. Ausdauernd und leidenschaftlich verschmelzen sie zu einem Ganzen, vorausgesetzt, der Skorpion kommt hin und wieder dem romantischen Verlangen des Stiers entgegen. Dann verwöhnt ihn sein Partner gerne mit jenen Aufmerksamkeiten, die der Skorpion so braucht, ohne es zugeben zu können.

Skorpion und Zwillinge

Auf einer gewissen Ebene sind sich Skorpion und Zwillinge so ähnlich, dass sie sich unweigerlich anziehen. Beide sind neugierig, beide auf der ständigen Suche. Doch bald hat der Skorpion von der Oberflächlichkeit der Zwillinge genug, und die Zwillinge fühlen sich von den starken erotischen Signalen ihres Gegenübers zunächst irritiert.
Was dann beginnt, ist zumindest für die beobachtende Umgebung höchst amüsant. Denn die Zwillinge werden bereitwillig in all jene Rollen schlüpfen, die sie vom Skorpion angeboten bekommen, um schlussendlich doch das zu tun,

rechten, selbstbewussten Gegner, ist der Skorpion sehr gut in der Lage, den Streit für alle fruchtbar abzuschließen. Also nur Mut.

Wer damit leben kann und es außerdem versteht, mit Humor und Charme den Skorpion regelmäßig aus seinem eisigen Schweigen zu locken, der gewinnt dafür einen bestechend loyalen und aufmerksamen Partner, für den die Beziehung an erster Stelle steht. Mit seiner tiefgründigen Beobachtungsgabe erahnt er Ihre Bedürfnisse oft schon, bevor Sie Ihnen bewusst werden. Und er wird so gut wie alles daran setzen, sie auch zu erfüllen. Das ist der Preis, den er zu zahlen bereit ist, wenn er Sie dafür im Austausch mit Haut und Haaren besitzen darf und von Ihnen in alle Belange Ihres Lebens eingebunden wird.

Männliche Skorpione neigen dazu, mit zweierlei Maß zu messen. Vor allem, wenn ihre starken weiblichen Anteile von ihrer Umgebung nicht anerkannt werden, verkrampfen sie sich bis zur Unkenntlichkeit. Das bekommt dann vor allem die Partnerin zu spüren. Sollten Sie tatsächlich Ihr Leben – oder einen Teil davon – mit einem männlichen Skorpion verbringen wollen, müssen Sie ehrlich bereit sein, hin und wider auch etwas einzustecken. Mimosen haben an seiner Seite keine Chance. Mit seinem Scharfblick vermag er die Menschen, die er liebt, sehr zu verletzen. Das ist aber auch eine Chance. Denn er irrt sich kaum und bietet Ihnen damit die Möglichkeit, sehr viel über sich selbst zu lernen.

Die Skorpion-Frau besitzt die gleiche Tiefe und Willenskraft wie der männliche Skorpion. Doch manchmal erweckt sie vordergründig den Eindruck, als habe sie

Venus im Skorpion: Liebe und Leidenschaft: Seine Leidenschaft ist grenzenlos und umfasst Erotik wie Beziehungsebene. Aber wehe, er fühlt sich betrogen. ♀

was sie wollen. Besteht der Skorpion auf seinen Versuchen, die Zwillinge nach seinen Vorstellungen von Liebe und Leben umzuformen, werden sich die beiden ohne großes Bedauern voneinander trennen. Was bleibt, ist bei beiden eine weitere Einsicht in das eigene Wesen. Denn zumindest vorübergehend können sie viel aus dem Spiegelbild des anderen lernen.

Skorpion und Krebs

Tierkreiszeichen, die wie Skorpion und Krebs das Element miteinander teilen, gelten gemeinhin als ideale Kombination. In diesem Fall ist jedoch Vorsicht geboten, damit die Beziehung nicht allzu wässrig auseinanderläuft. Zunächst sind der Skorpion und der Krebs wie geschaffen füreinander. Die Hingabe und Feinfühligkeit des Krebses entflammen den Skorpion derartig, dass er seine raue, ruppige Hülle abstreift und zum aufmerksamen Charmeur wird. Ist die Beziehung jedoch über die erste Zeit der stürmischen Verliebtheit erst einmal hinaus, dann zeigen sich die Klippen. Für den Geschmack des Krebses fordert der Skorpion viel zu viel und viel zu direkten Sex. Früher oder später ringt er sich aus Selbstschutz dazu durch, den Partner zurückzuweisen, worauf sich der Skorpion nach Rache sinnend zurückzieht und bei einem erdigen Zeichen vorübergehend Halt verschafft. Und das wiederum kann ihm der Krebs nicht verzeihen.

ihren Herrschaftsanspruch aufgegeben und sich ihrem Partner und den Launen ihrer Kinder ergeben. Vorsicht, es gibt kaum ein gefährlicheres Wesen im gesamten Tierkreis als eine scheinbar unterwürfige Skorpion-Frau. In Wahrheit lauert sie auf den Augenblick, an dem sie aus ihrem Versteck hervorschießen und den Gegner vernichten kann. Und in ihrer eiskalten Wut kann sie lange warten. Der andere entkommt ihr doch nicht. Da ist es viel besser, ihr ab und zu den Anlass für einen Streit zu bieten, damit sie ihre Mars- und Plutoanteile austoben kann.

Der hoffnungsvolle Anfang

Vermutlich sind Sie „Ihrem Skorpion" nicht auf einer Party, in einer Kneipe oder an irgendeinem anderen Ort der Abwechslung und des Amüsements zum ersten Mal begegnet. Und wenn, dann war es einer jener unvermeidlichen Augenblicke, wo sich auch ein Skorpion-Geborener dem gesellschaftlichen Trubel aussetzen muss. Denn eigentlich geht es diesem emotionalen Tiefgänger in seinen eigenen vier Wänden am besten.

Trotzdem sind diese Vertreter des Tierkreises nicht sonderlich schwer einzufangen. Eine tiefe Sehnsucht nach Beziehungen treibt sie oft vorschnell in die Arme eines Werbenden, auch wenn sie ansonsten allen und allem zunächst auf den Grund gehen wollen. Es gibt Zeiten im Leben fast eines jeden Skorpions, in denen sich alles um die Liebe dreht.

♂ **Mars im Skorpion:** Tatkraft und Antrieb: Es dauert ein wenig, bis er sich für eine Sache begeistern lässt. Dann aber gilt in der Liebe wie im Beruf: „Alles oder nichts!"

Skorpion und Löwe

Mit einem Blick auf die herrschenden Planeten dieser beiden Zeichen wird sofort klar, warum sich Skorpion und Löwe gegenseitig ausschließen: Die Sonne hat im Schattenreich des Pluto nichts verloren. Kommt sie, muss die Finsternis gehen; und ergreift das Schattenreich die Herrschaft, hat die Sonne zu weichen.
Das heißt jedoch nicht, dass die beiden es nicht doch immer wieder miteinander versuchen würden. Dabei spielt vor allem das Feuer der Sexualität eine entscheidende Rolle. In der Dunkelheit der Nacht fällt eben die mangelnde Vereinbarkeit dieser beiden Charaktere nicht auf. Doch wehe, der Tag bricht an. Dann prallen ihre unterschiedlichen Vorstellungen von Macht und Ego aufeinander. Und da beide stur bis zur Verzweiflung auf ihrem Vorrang beharren, muss einer gehen. Und das fällt dem Löwen bedeutend leichter, wodurch vernichtende Kämpfe auf Leben und Tod dann doch nicht entstehen.

Skorpion und Jungfrau

In dieser Kombination treffen zwar Erde und Wasser aufeinander, doch die mögliche Befruchtung bleibt zunächst aus. Denn der Skorpion schwemmt mit seinen Ansprüchen die erdigen Wünsche der Jungfrau glatt weg. Dabei weist beider Verhalten auf den ersten Blick

Machen Sie sich dieses Wissen zunutze, wenn es um das erste Stelldichein geht. Teure Theater- oder Konzertkarten können Sie sich bei einem Skorpion getrost sparen, und extravagante Restaurants entpuppen sich bei ihm meist auch als Fehlinvestition. Es sei denn, Sie treiben einen gemütlichen Inder mit dem schärfsten Essen in 100 Kilometern Umkreis auf. Daran findet ein Skorpion dann doch Gefallen, auch wenn ihm sonst ein mitternächtlicher Besuch an der Würstchenbude mit einer doppelten Portion Wurst und einer Tafel Schokolade als Nachspeise deutlich lieber ist. Falls er nicht zu einer ganz bestimmten Thunfischpizza greift, die seit Jahrzehnten seine Leibspeise ist.

Treffen Sie sich mit dem Skorpion Ihres Begehrens anfangs lieber zu Hause. Er wird zwar eine leichte Vorliebe für das eigene Heim verspüren, wird aber sicherlich auch ganz bereitwillig zu Ihnen kommen. Als Einstandsgeschenke eignen sich Maiglöckchen und Narzissen, trockener Rotwein und Käsegebäck, ein Mondstein oder ein Bimsstein zum Rückenschrubben in der Badewanne. Hüten Sie sich in dieser Phase vor übertriebenen Schmeicheleien oder Heuchelei. Ein Skorpion durchschaut das schnell und wendet sich dann beleidigt ab, weil er sich nicht ernst genommen fühlt.

Aktivitäten außer Haus sind erst in einem etwas späteren Stadium angesagt. Aber bitte keine, die den Skorpion zu stark auf gesellschaftliches Parkett führen. Besuchen Sie mit ihm lieber einen alten Weinkeller oder streifen Sie gemeinsam durch die ältesten Bereiche des heimischen Friedhofes. Die morbide Atmosphäre der verwitterten Grabsteine und die wuchernde Natur, die in entlegenen, alten Friedhofswinkeln durchaus Ähnlichkeiten auf. Schließlich neigen sie dazu, den Dingen auf den Grund zu gehen. Doch während der Skorpion seine Kontemplation nach innen richtet und gleichzeitig offen für alles Neue bleibt, konzentriert sich die Jungfrau auf ihre Umgebung und lässt zunächst nichts Unbekanntes an sich heran. Damit ist auch schon sehr genau beschrieben, woran es im Bett bei den beiden hapert; zumal der Skorpion auf eine Jungfrau brutal offen und verletzend direkt wirkt. Zieht sie sich dann zurück, fühlt sich der Skorpion getäuscht. Kommen die beiden über diese schwierige Anfangsphase hinweg und gewöhnen sich an die andere Welt des Partners, kann die Beziehung recht fruchtbar werden.

Jupiter im Skorpion: Wachstum und Freiheit: Grenzenlose Freiheit, grenzenloses Wachstum. Er lebt und liebt, um sich zu entwickeln und lässt sich dabei nicht stören. ♃

Skorpion und Waage

In Skorpion und Waage treffen zwei Beziehungs-Junkies aufeinander. Doch wenn sie nach der (vor)schnellen Vereinigung den Erwählten oder die Erwählte ansehen, kommt das böse Erwachen. Den Skorpion stört die luftige Oberflächlichkeit der Waage, und ihr Verlangen, für alles einen Ausgleich zu finden, macht ihn rasend. Die Waage kann mit dem fest gefügten Weltbild ihres Partners nicht viel anfangen, und die Kampfeslust des Mars macht sie krank. Lichtblick und Chance für dieses Paar ist ihre Beziehung auf der erotischen Ebene. Beide haben starke gegengeschlechtliche Anteile, was ihr Liebesspiel zu

wieder Besitz von ihrer Umgebung ergreift, reizen einen Skorpion ungemein. Außerdem können Sie den Skorpion ruhig fragen, was er tun möchte. Er wird eine klare Antwort geben und erwarten, dass Sie ohne weitere Widersprüche auf seine Vorschläge eingehen. Doch seien Sie gewarnt: Feuchtnebeliges Wetter liebt er.

Der Eros des Skorpions

Liest man die übliche Astro-Literatur, könnte man glauben, der Skorpion sei ein wahrer „Sexmaniac". Vergessen Sie das. Ein echter Skorpion ist weder ein unersättlicher Lüstling noch ein ungebremster Triebtäter. Ja, er ist noch nicht einmal besonders sinnlich, sondern im wahrsten Sinne des Wortes erotisch. Doch haben sich in unserer Zeit die Begriffe so vermischt, dass kaum jemand den Unterschied kennt.

Tatsächlich sind Skorpione unbefangene, leidenschaftliche und unermüdliche Liebhaber. Wobei der Begriff des Liebhabers unbedingt auch für eine Skorpion-Frau verwendet werden kann; denn nichts ist dieses Wesen weniger als eine (passive) Geliebte. Sie ist experimentierfreudig, solange das Geforderte nicht allzu technisch wird, und liebt den „Eifer des Gefechtes". Dabei kann es allerdings passieren, dass er oder sie ganz unversehens Schmerz- und andere Grenzen überschreitet. Leder, Handschellen und ähnliche Requisiten gehören für einen Skorpion einfach dazu. Bei dem Protagonisten in „9 1/2 Wochen" handelt es sich ziemlich sicher um einen Skorpion-Mann.

♄ **Saturn im Skorpion:** Verantwortung und Sicherheit: Unbeugsamer, zäher Wille, der sich nicht behindern lässt. Wer es versucht, spürt noch lange die Konsequenzen.

einem ausgeglichenen, variantenreichen Geben und Nehmen macht. Die Waage macht alles im Bett genau so, wie es sich der Skorpion wünscht. Nur manchmal beschleicht ihn der Verdacht, dass bei seinem Partner recht wenig Gefühl im Spiel ist. Dann holt er sich einen Beweis ihrer Anerkennung und macht befriedigt weiter.

Skorpion und Skorpion

Gleich und Gleich gesellt sich gern? Manchmal mag das gelten, im Fall der Skorpione aber sicherlich nicht. Ein Blick in die Natur genügt. Treffen zwei Vertreter dieser Spezies aufeinander, dann paaren sie sich – oder sie versuchen, sich umzubringen. Bei den Menschen ist das nicht viel anders. Ein Skorpion-Paar wird im Bett – und anderenorts – ein wahres erotisches Feuerwerk zustande bringen. Doch sind die Körper erst einmal abgekühlt, dann dauert es nicht lange, bis sie aggressiv aufeinander losgehen. Jeder will dem anderen seine Vorstellungen aufzwingen, will die eigene Vormachtstellung tagtäglich bewiesen sehen. Doch während heißblütigere Zeichen ihre Machtkämpfe abreagieren können, fehlen dem listigen Skorpion-Kampf die spielerischen Elemente, die so etwas möglich machen. Manchmal ordnet sich einer der beiden scheinbar unter – und wird in seiner kalten Wut so zerstörerisch, dass auf Sicht die ganze Familie zerstört wird.

Reizen sollte frau vor allem den männlichen Skorpion nie. Ähnlich wie der Widder nimmt er sich, was man ihm offensichtlich versprochen hat. Flirts ohne Folgen sind für ihn nicht denkbar. Außerdem ist er nicht gewillt, Prüderien oder Ziererereien zu tolerieren. Wer wie er um die Schatten der menschlichen Natur weiß, kann schamhafte Versteckspiele nicht nachvollziehen.

Sieht man sich die erotischen Vorlieben dieser heftigen, besitzergreifenden Wesen an, darf man sich über ihren Ruf als „Sexmaniacs“ nicht wundern. Trotzdem ist dieser Eindruck falsch. Skorpionen geht es in Wahrheit gar nicht so sehr um die körperlichen Genüsse, die das Liebesspiel für sie bereithält. Sie genießen Sex und Leidenschaft als Mittel, sich in andere Bewusstseinszustände zu katapultieren und die üblichen Begrenzungen der Selbsterforschung hinter sich zu lassen. Insofern sind die Skorpione die wahren Tantriker des Tierkreises. Im Liebesspiel werden sie eins mit ihrem Partner, erleben Sex als Weg der Transformation. Natürlich erlebt auch der Skorpion in diesen Augenblicken den Rausch der Sinne; aber eben nicht nur den.

Der Skorpion-Mann

Ein Skorpion-Mann liebt wie ein Vampir. Er möchte möglichst tief in die Frau eindringen, an ihr saugen, sie aussaugen. Und er möchte sie mit seiner Existenz erfüllen. Daher erregt ihn auch der Gedanke an eine mögliche Empfängnis. Die Verhütung überlässt frau ihm daher lieber nicht. Wer sich trotzdem auf ihn einlässt und genügend

Uranus im Skorpion: Veränderung und Bewegung: Einmal entschlossen, lebt er die Veränderung bis in die letzte Konsequenz. Und seine Gefolgschaft mit ihm.

Skorpion und Schütze

Im Schützen begegnet dem Skorpion ein zweiter Idealist, und so fühlt er sich zunächst von ihm auch stark angezogen. Doch allzu schnell müssen die beiden feststellen, dass weder ihre Ideale noch ihre Verhaltensweisen so recht zusammenpassen wollen. Dabei handelt es sich in diesem Fall sicherlich um eine der Erfolg versprechenden Kombinationen von Wasser- und Feuerzeichen. Zunächst müssen Skorpion und Schütze einmal überwinden, dass sie beide recht undiplomatische Gesellen sind. Doch während der Skorpion kalt vor Zorn in einer Ecke kauert und auf Rache lauert, rastet der Schütze in überschäumender Wut aus. Streckt er nach vollbrachtem Wutanfall versöhnlich die Hand aus, sticht der Skorpion zu. Das letale Ende ist nah. Doch reifere, ausgeglichene Vertreter dieser Tierkreiszeichen können sich zu einem idealistischen Team zusammenfinden, das die Welt aus den Angeln hebt. Sie müssen sich nur auf eine Vision einigen.

Skorpion und Steinbock

Skorpion und Steinbock sind einfach ein Traumpaar, so glaubt zumindest der Freundeskreis. Beide warten zunächst einmal ab, beobachten genau und bilden sich auf dieser Grundlage ein präzises Urteil. Gilt ihr Interesse einander, so zeigen sie sich angenehm überrascht von der

Hingabe mitbringt, wird mit ekstatischen Genüssen belohnt; Rollkragenpullover für den nächsten Tag inklusive.

Die Skorpion-Frau

Auch die Skorpion-Frau hat ein absolutes Faible dafür, beim Liebesspiel in den Partner einzudringen. Mit ihrer Zungenspitze erforscht sie auch die kleinste Körperöffnung und schreckt auch nicht davor zurück, ab und an ihre Zähne einzusetzen. Außerdem mag sie phallisches Spielzeug, das sie nicht nur bei sich, sondern auch bei ihrem Partner gern zum Einsatz bringt. In lesbischen Beziehungen übernimmt sie im Bett den männlichen Part. Wer eine Skorpion-Frau erobern möchte, sollte sie reden lassen. Skorpion-Frauen besitzen die besondere Begabung, sich in Erregung reden zu können. Dann braucht sie kein weiteres ausgiebiges Vorspiel, sondern geht gerne in medias res. Vermutlich geht es Ihnen genauso. Denn der Wortschatz eines weiblichen Skorpions kann einem Mann ordentlich einheizen.

Das schnelle Ende

Einen Skorpion in die Flucht zu schlagen, kann eine heikle Angelegenheit werden. Sie sollten sorgfältig in Deckung gehen, bevor sie auch nur den ersten Versuch starten. Sein Zorn schlägt schnell in eiskalte Rache um, und Gnade dem armen Opfer.

Neptun im Skorpion: Vorstellungskraft und Intuition: Seine Intuition ist groß, allerdings behindert ihn das Wissen um die Motive seiner Umgebung so gut wie nie.

Standfestigkeit und Prinzipientreue ihres Gegenübers. Doch wehe, ihre Prinzipien passen nicht so recht zusammen. Zunächst werden sie versuchen, sich gegenseitig zu überzeugen. Dann gehen sie zu Erziehungsversuchen über, um schließlich im offenen, bedingungslosen Kampf zu enden.
Leider ist die Gefahr sogar recht groß, dass es so weit kommt. Denn im Steinbock begegnet dem konventionslosen Skorpion ein konservatives Geschöpf, das viel auf die Meinung anderer gibt. Genau dort liegt allerdings auch das große Potenzial dieser Beziehung. Der Steinbock kann dem Skorpion nämlich beibringen, etwas mehr auf die Meinung anderer zu achten.

Skorpion und Wassermann

Wenn ein Wassermann den Weg eines Skorpions kreuzt, vergisst der stachelige Geselle sofort seine übliche Ruppigkeit. Was für ein schillerndes Wesen! So fantasievoll, so idealistisch! Aber bald muss er mit Schrecken feststellen, dass ihre Ideale gänzlich anderen Belangen gelten. Denn während der Skorpion in die Tiefen des menschlichen Seins abtaucht, baut der Wassermann unverdrossen an seinen Luftschlössern, die in der weiten Ferne des Landes Utopia liegen.
Derart enttäuscht, kehrt der Skorpion schnell zu seinen rüden Umgangsformen zurück. Der Wassermann erscheint ihm unordentlich und

Zunächst sollten Sie daher sacht vorgehen. Skorpion-Männer schrecken Sie mit übertriebener Schminke und einer völlig neuen, gekünstelten Garderobe ab. Wenn Sie sich dann noch ein gekünsteltes Verhalten zulegen, besteht die echte Chance, dass der Skorpion geht. Masken sind ihm verhasst. Doch wenn er Sie bereits als seinen Besitz betrachtet, wird er trotzdem bleiben und Ihnen das Leben so unangenehm wie möglich machen.

Skorpion-Frauen hingegen hassen es, permanent erzogen zu werden.

Etwas gefährlicher sind Strategien, die den Herrschaftsanspruch Ihres unbequem gewordenen Partners bedrohen. Machen Sie sich über ihn lustig. Geben Sie niemals und unter keinen Umständen eine Schlacht mit ihm verloren. Hören Sie auf, ihn um etwas zu bitten. Erteilen Sie ihm stattdessen Befehle. Stellen Sie Ihre Interessen über alles andere. Verweigern Sie ihm Wärme, Liebe und Sexualität. Binden Sie ihm und am besten noch einem halben Dutzend flüchtiger Bekannter auf die Nase, dass Sie ihn betrogen haben. Sein Zorn wird furchtbar seine, seine Rachsucht aber auch.

Strategisch veranlagte Menschen können die Trennung dem Skorpion überlassen, indem sie seine Neigung unterstützen, alles zu übertreiben. Animieren Sie ihn zum Konsum von Tabletten, Alkohol und anderen Drogen. Die Statistik beweist, dass dort seine Achillesferse liegt (Gunter Sachs: Die Akte Astrologie, München 1997). Fördern Sie seine Innenschau bis zur quälenden Selbstzerstörung. Keine Sorge, er ist nicht der Typ, sich das Leben zu nehmen. Eher stirbt er an Magenkrebs. Und dazu kann nun wirklich niemand etwas, oder?

Pluto im Skorpion: Transformation und Neubeginn: Sein Geist steht für den ständigen Neubeginn – im Großen wie im Kleinen. Das nervt mitunter die anderen. ♇

unorganisiert, seine Träume weltfremd und unpraktisch. Zudem macht ihn das sexuelle Desinteresse seines Partners rasend; ja, im Extremfall stachelt es ihn sogar zu sadistischen Spielen an. Antwortet der Wassermann aus reiner Experimentierfreude auf der gleichen Ebene, fällt der Skorpion vor Entrüstung fast um.

Skorpion und Fische

Vielleicht hat der Skorpion zunächst den Verdacht, die Fische könnten für ihn nicht interessant genug sein. Nach der ersten Liebesnacht ist er mit Sicherheit anderer Meinung. Denn dort hat er endlich den echten Tantriker gefunden, der sich mit ihm in höchster Lust vereinigt, um zu gemeinsamen spirituellen Höhepunkten zu streben. Das ist Ekstase ganz nach dem Geschmack des Skorpions.

Im Alltag sollten die Fische jedoch lernen, etwas mehr auf dem eigenen Standpunkt zu beharren. Der Skorpion liebt es zwar, wenn er bewundert wird. Doch gleichzeitig braucht er auch die Herausforderung. Für Reibung ist ohnehin gesorgt. Die Fische mögen sich nicht mit den Schatten der Menschheit auseinandersetzen. Der Skorpion lässt ihnen allerdings keine Chance, die Augen zuzukneifen. Er zwingt sie, auch ihre Fehler und Schwächen zur Kenntnis zu nehmen und verhilft ihnen dadurch zu etwas mehr Bodenständigkeit.

Der Schütze und die Liebe

Der Schütze gehört zu den reiferen Zeichen des Tierkreises. Das bedeutet jedoch nicht, dass jeder Schütze ein reifer, in sich ruhender Mensch ist. Ähnlich wie beim Löwen handelt es sich auch bei der sympathischen, optimistischen und offenherzigen Beschreibung des Schützen in den Astro-Spalten der Zeitungen eher um sein Potenzial als um eine Bestandsaufnahme seines tatsächlichen Zustandes. Wie kaum ein Zweiter erweckt er den Eindruck, nichts könne ihn belasten oder seine gute Laune trüben. Selbst gute Freunde fallen auf seine Show herein. Und das tut niemandem gut: Weder dem Schützen, der innerlich am eigenen Anspruch der Stärke fast zerbricht; noch den Freunden, die sich böse getäuscht fühlen, wenn sie gänzlich unerwartet dann doch einmal ein Häufchen Elend zu Gesicht bekommen.

Um dieses Zeichen besser zu verstehen, hilft es, sich die Symbolik näher anzuschauen. Der Schütze ist ein Zentaur, ein Fabelwesen, halb Mensch, halb Pferd. Impulsiv, kühn und schnell wie der Wind fegt er durchs Universum, die Augen stets hinter dem Horizont. Dort ist sein Ziel, dort wartet die Beute. Wer sollte es diesem wendigen, schnellen Jäger verübeln, wenn er ab und zu die Orientierung verliert?

Visionär baut er an einer neuen Weltenordnung und übersieht dabei solche Kleinigkeiten wie die Spielregeln, die es am Elternsprechtag der eigenen Kinder zu beachten gilt. Präsentiert ihm dann irgendwer die Rechnung für sein ruppiges Verhalten, fällt er aus allen Wolken. Schließlich müssen die lieben Mitmenschen doch einfach erkennen, dass ein Mensch den Horizont und das Gras unter den eigenen Füßen kaum gleichzeitig im Blick behalten kann.

Mond im Schützen: Stimmungen und Gefühle: Beweglich und aufgeschlossen, seine hervorstechende Eigenschaft ist jedoch seine uneingeschränkte Ehrlichkeit.

Schütze und Widder

Sofort oder nie lautet die Devise dieser beiden Feuer-Zeichen, wenn sie sich zum ersten Mal über den Weg laufen. Keiner von beiden hat viel Sinn für wohlbedachtes Handeln oder vorsichtiges Taktieren. Und so stürzen sie entweder aufeinander zu oder aneinander vorbei. Letzteres wäre schade, denn die beiden passen hervorragend zueinander. Kaum einen Tag werden sie ohne körperliche und geistige Herausforderungen verstreichen lassen. Da das Kräfteverhältnis zwischen ihnen recht ausgeglichen ist, wird es auch nur am Rande zu Machtkämpfen kommen. Und wenn, ist auch kein großer Schaden angerichtet, denn beide kämpfen gerne und fair. Sie strecken aber auch beide hinterher ohne Vorbehalte die Hand zur Versöhnung aus. So ist ihre Partnerschaft vor allem durch gegenseitigen Respekt und Bewunderung gekennzeichnet, auch wenn der Umgebung ihr Umgangston manchmal allzu ruppig vorkommen mag.

Schütze und Stier

Sie könnten eigentlich ein ganz harmonisches Gespann abgeben. Wohlgemerkt: könnten, denn in der Realität zieht dieses Paar selten an einem Strang. Zwar versteht der Schütze es zunächst, den Stier mit seinem Esprit, seinen Ideen und seiner ab und an aufflackernden Leidenschaft zu

Dies sind Augenblicke, in denen der Schütze ausgesprochen schmerzhaft die Diskrepanz zwischen seinen Visionen und der eigenen Menschlichkeit zu spüren bekommt. Meist galoppiert er schnaubend darüber hinweg, doch wenn er sich stellt, ist er zu tiefer Einsicht und Mitgefühl fähig. Schließlich verfügt er über ein gerütteltes Maß an intuitiver Beobachtungsgabe und enorm viel spiritueller Kraft.

Der Schütze wird von Jupiter regiert. Vom Göttervater, dem Herrn des himmlischen Lichtes, der Weisheit, Güte und Entwicklung hat er seine spirituellen Seiten. Aber sein Schutzherr ist einer, der auch ganz gerne zu Verwandlungstricks greift. Ein Schauspieler, der aus reinem Eigennutz und Spaß an der Freude andere hinters Licht führt oder ausnutzt. Anders als bei Merkur ist Betrug nie seine Absicht. Doch was kann er dafür, wenn sich Ehefrau Hera oder die Gatten all der entführten und geschwängerten Jungfrauen betrogen fühlen? Es bleibt eine Gratwanderung zwischen fröhlichem Eigennutz und bockigem Beharren auf eigenen Maßstäben – bei Jupiter wie bei seinen Jüngern im Zeichen des Schützen.

Der Schütze als Partner

Kaufen Sie sich die Sagen des klassischen Altertums, lesen Sie die Geschichten über Jupiter und Sie wissen recht genau, was auf Sie mit einem Schützen zukommt. Maßlos wie der Göttervater wird sich ihr Partner aufführen – und zwar im Positiven wie im Negativen. Der Schlüssel zum Verhalten eines Schützen ist die Einsicht, dass

☿ **Merkur im Schützen:** Intellekt und Vernunft: Ein progressiver, unabhängiger und aufrechter Geist, der mit seinen Ideen andere mitreißt und befruchtet.

faszinieren. Doch auf die Dauer zeigt sich, wie unterschiedlich die beiden sind.

Der Schütze strebt in die große weite Welt hinaus und treibt mit seiner Rastlosigkeit den Stier an den Rand des Wahnsinns. Hinzu kommt, dass der Ehebund nun wirklich nichts ist, was einen Schützen reizen könnte; ganz im Gegenteil zum Stier, der ohne Sicherheit lieber gar keine Beziehung eingeht. Der Schütze lässt sich eben auf keiner Ebene zähmen, auch wenn sein Partner sich noch so große Mühe gibt. Dabei kann der Schütze als Feuerzeichen von der nährenden Energie der Erde profitieren. In seinem tiefen Inneren verspürt er nämlich sehr wohl das Bedürfnis nach einer Stätte der Zuflucht.

Schütze und Zwillinge

Wer in dieser Beziehung der Gaukler ist, bleibt bis zuletzt schwer zu sagen. Diese Antipoden des Tierkreises zerfallen beide in zwei Teile: Der Schütze lebt in seinen Basisbedürfnissen den animalischen Pferdeanteil und in seinen kommunikativen und intellektuellen Bereichen den menschlichen Anteil; und die Zwillinge zerfallen ohnehin in zwei entgegengesetzte Wesen. So finden die beiden auch auf Anhieb Gefallen aneinander. Die intellektuellen Fähigkeiten ihres Gegenübers ziehen sie an, und für seine zwiespältigen Reaktionen bringen sie alles Verständnis dieser Welt auf.

er sich weniger mit einem Menschen verbunden fühlt als vielmehr mit der Idee, die er mit diesem Menschen verknüpft. Hat er diese Idee zu seiner Zufriedenheit ausgelotet und integriert, zieht er befriedigt zur nächsten weiter.

Das Wissen um die ideellen Motive macht es nur leider nicht viel leichter, mit dieser ewigen Pirsch des Schützen zurechtzukommen. Sie hat jedoch auch ihre positiven Seiten. Mit neuen Ideen oder Situationen können Sie diesen Gefährten selbst dann nicht erschrecken, wenn andere längst schreiend die Flucht ergriffen hätten. Ein ungeplantes Kind? Der dritte Umzug in zwei Jahren – und dann auch noch nach Übersee? Ein wochenlanger Besuch der frisch geschiedenen Schwiegermutter? Für einen Schützen alles kein Problem. Was andere bereits als Krise auffassen, ist für ihn eine Herausforderung, eine Möglichkeit, zu noch mehr geistig-seelischer Nahrung zu kommen, die er so dringend braucht.

Genau dort können Sie ansetzen, um „Ihren Schützen" zu binden. Präsentieren Sie ihm in Abständen immer wieder wohldosierte Anstöße, neue Ideen und Visionen. Bekommt er von Ihrer Seite genug Anregungen, kommt er kaum auf die Idee, zu neuen Horizonten aufzubrechen. Zumal der Schütze in seinem tiefen Innersten recht gut weiß, dass er einen Begleiter braucht, um überhaupt zum Ziel zu kommen. Denn wenn dieser impulsive Visionär eines nicht vermag, so ist es, einen Schritt nach dem anderen zu setzen – und das auch noch in der richtigen Reihenfolge. Er stürmt viel lieber darauflos, nimmt den letzten Schritt zuerst und wundert sich dann, wenn er stolpert und fällt. Ein Schütze braucht einen Partner, der in der Lage ist, seine Träume zu

Venus im Schützen: Liebe und Leidenschaft: Vielseitig interessiert an der Liebe und der Schönheit kann man ihm kaum abringen, sich auf einen Partner festzulegen. ♀

Die anfänglichen Impulse kommen von den Zwillingen, die der Schütze aufgreift und zu einer hinreißenden Vision formt. Doch dann ist Schluss. Zu Ende bringen mag nämlich keiner von beiden das einmal Begonnene. Meist ziehen sie dann die logische Konsequenz: Sie trennen sich und machen als enge Freunde weiter.

Schütze und Krebs

Blockiert, eingesperrt und im Stich gelassen: Auf diesen Nenner lassen sich die Gefühle eines Schützen bringen, der sich auf eine Partnerschaft mit einem Krebs eingelassen hat. Was auf den Schützen anfangs unwiderstehlich intellektuell gewirkt haben mag, entpuppt sich in seinen Augen mit der Zeit als abwartendes Zaudern. Und was zunächst seine Leidenschaft anzustacheln schien, wird für ihn auf Dauer zur unerträglichen Umklammerung.

Schlimm wird es, wenn die beiden streiten. Der Schütze mag einem Streit nicht aus dem Weg gehen. Er muss einfach ab und zu Dampf ablassen, sonst platzt er. Für einen Krebs sind solche Wortgefechte jedoch viel zu heiß. Verschreckt zieht er sich in seinen Panzer zurück, wo er dann auf unabsehbare Zeit bleibt. In seiner Ohnmacht wird der Schütze aber nur noch wütender und übersieht dabei, dass wenige liebe Worte durchaus ausreichen würden, um den verschreckten Partner wieder hervorzulocken.

teilen, und der ihn trotzdem hie und da zu bremsen versteht. Er braucht einen Partner, der zur Stelle ist, wenn ihn das eigene Ungestüm unsanft weckt, und der ihn zu trösten vermag. Und schließlich braucht er einen Partner, der nicht so schnell beleidigt ist und es ihm liebevoll, aber deutlich sagt, wenn er gefühllos wird. Wer meistens in die Ferne schaut, weiß nur selten, auf wessen Zehen er gerade steht.

Der hoffnungsvolle Anfang

Um einen Schützen einzufangen, brauchen Sie eine eiserne Kondition. Er tanzt mit Ihnen durch die Nacht, und noch lieber redet er bis zum Morgengrauen. Sie sollten ihn nur nicht zu großem Trubel aussetzen. Riesige Partys sind ihm ein Gräuel, und Megaevents interessieren ihn nur, wenn er den Protagonisten persönlich kennt und einen Teil seines Glanzes für sich verbuchen kann.

Arrangieren Sie wenn möglich das erste Treffen im Freien. Ein abendlicher Bummel durch den Park, der Besuch einer Kirche oder eines alten heidnischen Kraftplatzes sind ganz nach seinem Geschmack. Reden Sie mit ihm über Gott und die Welt, lassen Sie ihn seine Sicht der Weltenordnung entwickeln, und beweisen Sie Geist durch die richtigen Fragen an der richtigen Stelle. Fällt Ihnen nichts Passendes ein, dann fragen Sie getrost den Schützen. Er hat immer etwas vor, und an seiner Seite sind Sie vor Langeweile sicher. Sollte er Sie allerdings zu sich nach Hause zum Essen einladen, ist Vorsicht am Platze. Vor allem, wenn bei Ihnen die Liebe durch den Ma-

♂ **Mars im Schützen:** Tatkraft und Antrieb: Er ist begeisterungsfähig und impulsiv bis zur Selbstzerstörung. In seiner Leidenschaft ebenso kompromisslos wie rücksichtslos.

Schütze und Löwe

Wenn es einer schafft, den Schützen zur Raison zu bringen, so der Löwe. Der König der Tiere lässt keinen Zweifel an seinen Herrschaftsansprüchen. Und da er es mit einer solchen gelassenen Selbstverständlichkeit tut, sieht der Schütze eine Chance, sich zu entspannen und sich – in Maßen – der Führung des anderen anzuvertrauen. Das gelingt umso besser, je häufiger der Löwe es schafft, dem Esprit des Schützen Tribut zu zollen. Das besondere Potential liegt im Schlafzimmer. Der Löwe versteht es, die ab und zu aufflammende Leidenschaft des Schützen auf Dauer zu entfachen. Dann bricht ein erotisches Feuer aus, das seinesgleichen sucht. Probleme gibt es erst, wenn der Schütze glaubt, neue (Liebes)-Ideale zu brauchen. Damit trifft er beim eifersüchtigen Löwen auf wenig Gegenliebe. Alles in allem wird dem Schützen nichts übrig bleiben, als ernsthafter zu werden, wenn diese Beziehung nicht in Flammen aufgehen soll.

Schütze und Jungfrau

Wenn ein Schütze bei einer Jungfrau Unterschlupf sucht, kann man mit ziemlicher Sicherheit davon ausgehen, dass eine ganze Menge Täuschung im Spiel ist; und zwar vor allem Selbsttäuschung. Denn eigentlich leben die beiden in Welten, die wenige Berührungspunkte

gen geht, sollten Sie zunächst vorsichtige Erkundigungen über seine Kochkünste einholen. Üblicherweise kommt dieser Vertreter des Tierkreises nicht mit mehreren Hauben zur Welt.

Mit einem Schützen können Sie auch ruhig aufs Ganze gehen. Planen Sie ein verlängertes Wochenende, das bereits am Donnerstag beginnt. Es ist der Tag des Schützen. Fahren Sie in einen eleganten Wintersportort oder ein mondänes Seebad, besuchen Sie unterwegs ein Gestüt, eine Ausgrabungsstätte oder eine berühmte Bibliothek. Hier ist der Schütze in seinem Element. Am Ende des Tages können Sie ruhig ein gemeinsames Zimmer beziehen. Wo andere Tierkreiszeichen verunsichert oder brüskiert reagieren, denkt sich ein Schütze nichts weiter dabei. Er wird Ihnen klar signalisieren, wie groß der Abstand ist, den er wünscht – und trotzdem völlig unbefangen das Zimmer mit Ihnen teilen.

Schenken Sie ihm als Andenken an die gemeinsam verbrachten Tage einen Hyazinth, einen Karfunkel oder einen Lapislazuli. Oder greifen Sie einfach zu Quittenmarmelade, frischem Obst oder selbst gepflückten Pusteblumen. Schützen haben gegen Luxus nichts einzuwenden, schätzen aber auch die kleinen Gesten.

Der Eros des Schützen

Schützen lieben Sex und Erotik. Doch ist es nicht so sehr die Sinnlichkeit, die sie in Fahrt bringt, als vielmehr die Lust auf Sinnlichkeit. In ihrem Körper fühlen sie sich

Jupiter im Schützen: Wachstum und Freiheit: Ein Vagabund des Lebens, der rastlos nach Freiheit sucht und dabei auch selbst auferlegte Grenzen ignoriert.

haben. Grundsätzlich langweilt die Jungfrau mit ihrem ordnenden, bewahrenden Weltbild und ihrer Abneigung gegen Neues den Schützen. Nähert er sich ihr trotzdem, dann sucht er gerade eine tragfähige Grundlage für sein Leben. Und da scheint die Jungfrau als Erdzeichen besonders geeignet, zumal sie scheinbar Ordnung und Intellekt in sich vereint. Hat der Schütze erst einmal erfasst, dass man vom scharfen Intellekt der Jungfrau kaum zukunftsweisende Impulse bekommen kann, wird er nur noch zum Wäschewechsel zu Hause erscheinen. Und da er sich dabei auch noch benimmt wie ein Pubertierender den Eltern gegenüber, stellt ihm die Jungfrau notgedrungen den Koffer vor die Türe.

Schütze und Waage

Ist ein Schütze mit einem neuen Partner unterwegs, der ihn mit liebevoller Belustigung beobachtet, kann man ziemlich sicher sein, dass es sich um eine Waage handelt. Die beiden haben eigentlich keine Probleme miteinander – und das ist mit Sicherheit ihr größtes Problem.
Lebenslustig und leicht bewegen sie sich von einem interessanten Platz zum nächsten, treffen immer neue Leute und verströmen dabei Optimismus und Lebenshunger. Doch wie es darunter aussieht, das geht niemanden etwas an. Schon gar nicht den eigenen Partner.
Schütze und Waage neigen dazu, sich ein

oft gefangen und hassen ihn für seine Unzulänglichkeiten, auch wenn sie oftmals sehr laut das Gegenteil verkünden. Was sie wirklich erregt, ist die Idee, der Gedanke, der Traum, den sie sich rund um die Liebe stricken. Der Partner wird zum Sinnbild dieser geistigen Schöpfung und begleitet sie auf dem Weg zum Horizont.

Entsprechend zielstrebig ist der Eros des Schützen ausgeprägt. Er ist ein Eroberer, der bei einem langen Vorspiel leicht ungeduldig wird. Er steht im Mittelpunkt seines Interesses. Und das macht sich auch im Bett bemerkbar. Der Partner wird zu so etwas wie einer Lern- und Entwicklungsaufgabe. Hat der Schütze das Gefühl, den anderen völlig erfasst zu haben, und kommen keine neuen ideellen Impulse, bricht er schnell zu neuen Aufgaben – und damit oft auch zu neuen Partnern – auf.

Der Schütze-Mann

So richtig in Fahrt kommen Schützen in der freien Natur oder bei einem intimen, verschmusten Tanz. Männlichen Schützen sollte man auf diese Art und Weise allerdings nicht zu stark einheizen. Sie verschießen ihre Munition sonst bereits auf der Tanzfläche.

Ansonsten wird Liebe und Erotik beim Schützen nur selten zu einem körperlichen Beben. Dazu spielt sich seine Sexualität viel zu sehr im Kopf ab. Schwefelschwangere Vulkanluft ist nicht seine Atmosphäre. Eher neigt er dazu, eine Frau wie eine leichte Frühlingsbrise zu genießen.

♄ **Saturn im Schützen:** Verantwortung und Sicherheit: Tritt gerne für sein Weltbild ein, vor allem im Bereich von Ethik und Moral. Je mehr Zuhörer, umso besser.

Idealbild von ihrem Gegenüber zu entwerfen und blind daran festzuhalten. Fühlt sich die Waage dann auch noch vom Schützen bei ihren ewigen Bestrebungen, Ausgleiche zu schaffen, im Stich gelassen, kracht die Beziehung zum Erstaunen aller auseinander. Man bleibt allerdings befreundet, denn im Grunde war dieser Partner ja eigentlich sehr angenehm.

Schütze und Skorpion

Der Skorpion ist jenes Wasserzeichen, von dem der Schütze am stärksten zu profitieren vermag. Prinzipientreue, Durchhaltevermögen und die Geduld, auf Erfolge warten zu können, sind Eigenschaften, die er in dieser Partnerschaft erhalten kann. Leider wehrt sich der Schütze jedoch oft bis zum Äußersten dagegen, weil er sein lustiges Leben und seine Freiheit durch den Skorpion bedroht sieht. Er mag sich von seinem bissigen Gefährten nicht zur Innenschau zwingen lassen und reagiert beleidigt, wenn sein Drang nach Neuem als Oberflächlichkeit abgetan wird. Dass es zwischen beiden trotzdem anfangs funkt, liegt an zwei Dingen. Erstens erkennen sie in ihrem Gegenüber den Idealisten. Und zweitens passen sie im Bett hervorragend zusammen. Doch erkennen sie schnell, dass ihre Ideale nicht zusammenpassen. Und die erotischen Bedürfnisse des Skorpions werden dem Schützen auch bald zu viel.

Oberschenkel, Hüften, Lenden und Pobacken sind bei einem männlichen Schützen neben dem Zentrum seiner Männlichkeit die am leichtesten erregbaren Zonen. Doch Vorsicht, auch hier gilt es, das Maß im Auge zu behalten. Denn sonst passiert im Bett, was zuvor schon auf der Tanzfläche zu einem vorschnellen Ende führte. Dann müssen Sie sehen, wo Sie bleiben. Denn obwohl der Schütze oft ein wahrer Meister der Zungenfertigkeit ist, denkt er von selbst kaum daran, einen Ausgleich für sein Vergnügen zu schaffen. Trösten Sie sich. Der Schütze ist kein Mann, der danach Tage Zeit zum Regenerieren braucht. Ein bisschen Zedernöl oder Lavendel in die Duftlampe, ein gutes Glas Wein oder schöne Musik, und gleich geht es in die nächste Runde. Ziehen Sie ruhig alle Register der Verführungskunst, Schützen mögen erfahrene Frauen, die wissen, wohin sie greifen. Und obwohl er kein langes Vorspiel mag, hat er hinterher gegen ausgedehnte Zärtlichkeiten nichts einzuwenden. Sie haben also gute Chancen, doch noch zu Ihrem Recht zu kommen.

Die Schütze-Frau

Die Schütze-Frau hat einen ausgesprochen unbefangenen Zugang zu Erotik und Sex. Auf zart besaitete Zeitgenossen wirkt sie sogar allzu forsch oder sogar taktlos. Unermüdlich beginnt sie das Spiel von Neuem und reizt mit ihrer ganz eigenen Taktik, im abrupten Wechsel zu forcieren und zu bremsen, die Männer bis zum Wahnsinn. Es ist ein gefährliches Spiel, was sie da treibt, vor allem, wenn sie an einen Widder oder

Uranus im Schützen: Veränderung und Bewegung: Optimistisch versucht er, die Welt zu verbessern, wobei andere mitunter Probleme haben, ihn zu verstehen.

Schütze und Schütze

Schützen scheinen wie füreinander gemacht. Jedenfalls sehen sie selbst dies so. Sie heiraten überdurchschnittlich oft Schützen und versichern einander vermutlich zehn Mal am Tag, wie gut sie es getroffen haben. Tatsächlich kommt bei ihnen kaum Langeweile auf. Ihre Neigung zu innerer Unsicherheit und zu Selbstzweifeln haben sie gemeinsam bestens im Griff. So geben sie miteinander ein Bild der puren Lebensfreude ab. Doch gelten all ihre wunderbaren Ideen, ihre herausfordernden Visionen nur der Umgebung. Mit ihrem eigenen Inneren, mit ihren Schattenseiten geben sie sich nicht gerne ab. Eines Tages treten diese Schatten jedoch unweigerlich zum Vorschein, zumal sie vom Partner eher gefördert als korrigiert werden. Plötzlich weiß keiner mehr genau, wer in ihrer Beziehung der Jäger, wer das Wild ist. Trotzdem bleiben sie in der Regel zusammen und stolpern zunehmend orientierungslos durch ihr scheinbar so lustiges Leben.

Schütze und Steinbock

Im ersten Augenblick ist das gewisse Etwas zwischen diesen beiden kraftvollen Vertretern des Tierkreises sicherlich vorhanden. Doch schon bald fühlt sich der Schütze eingesperrt und erstickt. An der Seite eines Steinbocks vermisst er so gut wie alles, was ihm im Leben Spaß macht:

einen Skorpion gerät. Wenn Sie können, dann genießen Sie diese Achterbahn der Erregung. Wenn nicht, halten Sie sich vom Bett einer Schütze-Frau lieber fern. Fühlt sie sich nämlich bedrängt oder überfahren, kann sie in ihrer Wut zur Furie werden. Im Übrigen ist es oft schwer zu unterscheiden, ob eine Schütze-Frau erotische oder freundschaftliche Angebote macht. Hat man sie falsch interpretiert, kann es gut sein, dass sie völlig unbefangen meint, dass man ein gemeinsames Abenteuer nun wirklich nicht nötig habe.

Suchen Sie sich für Ihr Schäferstündchen ein stilles Plätzchen im Freien oder holen Sie sich am FKK-Strand Anregungen, die Sie zuvor genussvoll verbal zelebrieren. Für andere ungewöhnliche Praktiken oder für Experimente bringt die Schütze-Frau dagegen wenig Interesse auf. Und machen Sie sich darauf gefasst, dass sie sehr direkt sagt, ob es ihr gefallen hat – oder auch nicht. Wer solch direkte Beurteilungen oder den einen oder anderen Hinweis auf einen Vorgänger nicht verträgt, den erwartet bei der Schütze-Frau kein leichtes Leben.

Das schnelle Ende

Langeweile, Mief und Autorität sind die Todfeinde des Schützen. Wer das weiß, wird ihn mit Leichtigkeit wieder los, denn der Schütze ist keiner, der verzweifelt nach einem Ausweg aus der Beziehungskrise sucht. Er galoppiert einfach davon – oft sogar viel zu einfach.

Neptun im Schützen: Vorstellungskraft und Intuition: Seine Offenheit ist sein Kapital. Er überzeugt, indem er die Wahrheit sagt, auch wenn sie eine scherzhafte ist.

Abenteuer, Spontaneität und Frische. Trotz allem kann er sich nicht so schnell aus seiner anfänglichen Faszination befreien, denn auf erlösende Szenen der Eifersucht und Einengung wartet er beim Steinbock vergebens.

Auf Dauer geht es mit den beiden trotzdem kaum gut. Doch bevor es so weit ist, haben die beiden wundervolle Nächte miteinander. Der Schütze ziert sich nicht, den Steinbock aus der Reserve zu locken. Und ist es einmal so weit gekommen, dann bringen die erdigen erotischen Qualitäten des Steinbocks den Körper des Schützen zum Klingen. Da verzeiht er dem Steinbock auch die eine oder andere Eskapade, die sonst nicht nach seinem Geschmack wäre.

Schütze und Wassermann

Für reife, ausgeglichene Vertreter des Tierkreises ist diese Kombination einfach ein Glücksfall. Der Wassermann inspiriert den Schützen, gibt ihm die Ziele vor und begleitet ihn auf der Jagd nach einer lockenden Zukunft. Doch wehe, einer von beiden kommt aus dem Takt oder ist noch nicht wirklich in seiner Persönlichkeit gefestigt. Den Halt, den er dann bei seinem Partner sucht, wird er kaum finden. Und so, wie sie zuvor Richtung Zukunft gestürmt sind, so stürzen sie nun gemeinsam in die dunkle Kluft der Depressionen. Dann hilft oft nur noch das Bett, in dem sich diese beiden hervorragend vertragen. Sie ergeben

Tipp Nummer eins: Bestehen Sie darauf, Ihr Fenster des Nachts luftdicht zu verschließen. Der Schütze bekommt schnell das Gefühl, keine Luft zu bekommen. Und bevor er erstickt, geht er. In die gleiche Kerbe schlagen Sie, wenn Sie sich zum absoluten Stubenhocker entwickeln. Verweigern Sie auch den kleinsten Abendspaziergang, von weiteren Freiluftaktivitäten ganz zu schweigen. Laden Sie stattdessen jeden Abend einen unübersehbaren Schwarm flüchtiger Bekannter ein, die Ihnen die Bude vollqualmen und die Ohren des Schützen mit belanglosem Zeug vollquatschen. Reicht das noch nicht, dann entschuldigen Sie sich bei „Ihrem Schützen" für Ihre langweilige Gesellschaft in der letzten Zeit und schleppen Sie ihn in die größte Disco, die Sie im Umkreis von 100 Kilometern auftreiben können.

Sollte Ihr Schütze wider Erwarten noch immer nicht genug haben, müssen Sie wohl oder übel schwerere Geschütze auffahren: Machen Sie sich über seine hochtrabenden Träume und Ideen lustig. Desillusionieren Sie ihn, indem Sie ihn an all die unvollendeten Projekte des vergangenen Jahres erinnern.

Äußern Sie sich grundsätzlich über alle und alles pessimistisch. Und fordern Sie in Gesellschaft all jene Versprechen ein, die er voll der guten Absicht irgendwann einmal ausgesprochen hat, für deren Einlösung er jedoch mindestens zwei weitere Leben Zeit bräuchte. Krönen können Sie diese Strategie mit der Behauptung, er habe von Anfang an gelogen und betrogen und nie daran gedacht, das Versprochene auch tatsächlich zu halten. Sie werden sehen, so etwas lässt sich ein echter Visionär nicht zweimal sagen.

Pluto im Schützen: Transformation und Neubeginn: Auf der Suche nach neuen Impulsen fürchtet er allzu radikale Veränderungen, die sein Weltbild hinterfragen. ♇

genau jene Mischung, die sie anregt. Nur mit dem Hang des Wassermanns zu Verbalerotik kann der Schütze nicht so recht etwas anfangen. Aber was soll's. Wenn es dann wirklich zur Sache geht, wird er für seine Irritation entschädigt. Ob das für ein gemeinsames Leben reicht, sei dahingestellt.

Schütze und Fische

Der Schütze verliebt sich in die Fische, er erobert sie und er verlässt sie auch wieder, wenn er das Bild, das er mit ihnen verbindet, voll erfasst hat. Das Dumme ist nur, dass er sich das noch nicht einmal sich selbst eingestehen mag. So versucht der Schütze, den Verlust des Partners abzuwenden, indem er den Kumpel herauskehrt; eine wahrhaft fatale Fehlleistung. Fische sind alles andere als an kumpelhaften Freundschaften interessiert. Ihr Herrscher ist Neptun, ihr Reich das der Gefühle, der Erotik, der Sinnlichkeit.
In der Tat liegt in der Selbstverleugnung des Schützen die größte Gefahr für diese Beziehung. Fische mögen sich nun einmal nicht gern binden, die Beschränkungen von Verantwortung und Nähe tragen. Da sie vollständig im Augenblick leben, stört sie das auch nicht weiter. Hier und jetzt liegt er neben ihnen im Bett und morgen sind vielleicht sie es, die abtauchen, weil ihnen die Selbstverleugnung des Schützen ohnehin auf die Nerven geht.

Der Steinbock und die Liebe

Der Steinbock ist ein Jünger des Saturns, und gleich seinem Herrn gilt er in astrologischen Abhandlungen oft als Überbringer von Unglück, Einschränkung und Prüfung. Liest man allerdings einmal in der griechischen Mythologie nach, so kommt man schnell zu einem ganz anderen Bild. Saturn, oder griechisch Kronos, ist ein Sohn der Erdgöttin Gaia. Unter seiner Herrschaft währt das Goldene Zeitalter, das allen Kreaturen die Früchte harter Arbeit lohnt. Doch Kronos ist nicht nur der Gott des Ackerbaus. Aus Angst, die kosmischen Gesetze könnten den eigenen Vatermord rächen, verschlingt er all seine Kinder, um von seinem überlebenden Sohn Zeus dann doch besiegt zu werden.

Im Steinbock begegnen uns Teile dieses alten Mythos wieder. Auch er wirkt wie ein Hüter der Schwelle, der verhindert, dass wir uns über die kosmischen Gesetze hinwegsetzen. Er will die Zeit verlangsamen, wenn nicht sogar aufheben. Und da ihm als Erdzeichen Spiritualität und Intuition nicht leicht erschließbar scheinen, verlegt er seine Aktivitäten auf Tradition und alte Rollenbilder. Außerdem ist er ein geheimer Anhänger des Aberglaubens. Ein Mensch, der völlig selbstverständlich auf Holz klopft, um das Gelingen der Zinspolitik durch die Notenbank zu beschwören, ist mit ziemlicher Sicherheit im Zeichen des Steinbocks geboren.

Weitere wesentliche Hinweise zum Verständnis dieses hintergründigen Geschöpfes enthüllt der lebende Steinbock, diese genügsame, trittsichere und zähe Ziege der Bergwelt. Sie lebt auf kargem, steilem Gelände, in dem sie sich schlafwandlerisch und elegant zu bewegen weiß. Sie kommt ans Ziel, egal, wie unwegsam die Umgebung

Mond im Steinbock: Stimmungen und Gefühle: Als Alleinunterhalter eine glatte Fehlbesetzung wird er als Zuhörer zu einem wertvollen Gesprächspartner.

Steinbock und Widder

Eigentlich sollten diese beiden Bewohner der Bergwelt hervorragend miteinander können. Doch weit gefehlt. Wo der Steinbock milde lächelt, erwartet der Widder Jubelgeschrei; und wo der Widder im Chaos schwelgt, sehnt sich der Steinbock nach Ordnung und Übersicht.
Eine Chance bekommt dieses ungleiche Paar, wenn der Widder deutlich älter ist als der Steinbock. Dann mildert das Alter sein Temperament, während der Steinbock noch etwas jugendliches Ungestüm besitzt. Doch viel wahrscheinlicher ist es, dass sich die beiden zu einer heftigen, temperamentvollen Nacht zusammenfinden, in der sie alle Tabus brechen, um hinterher ohne Bedauern ihrer Wege zu ziehen. Denn solange es ausschließlich um Sex geht, lässt sich der Steinbock ohne weiteres Federlesen vom Widder verführen. Ist dagegen auch Gefühl mit im Spiel, droht die reservierte Zurückhaltung des Steinbocks den ungeduldigen Widder in die Flucht zu schlagen.

Steinbock und Stier

Steinbock und Stier sind eine relativ sichere Kombination, von der man allerdings trotz der kraftstrotzenden Partner nicht allzu viel Temperament erwarten sollte. Denn es handelt sich um zwei Vertreter des Tierkreises, denen Sicherheit über alles geht. Und zwar auch in

auf andere Lebewesen auch wirken mag. Aber um welchen Preis: Ständig muss sie auf ihre Füße achten, ein falscher Tritt, und sie landet im Abgrund. Den Horizont kann solch ein Geschöpf kaum erblicken, obwohl es sich andererseits nicht leisten kann, sein Ziel aus den Augen zu verlieren. Denn ohne den lockenden Gipfel oder die nächsten kärglichen Grashalme erscheint ihm der Überlebenskampf allzu hart.

Ähnlich geht es dem menschlichen Steinbock. Für große Visionen hat er nichts übrig. Doch steckt hinter allem, was er tut, eine Absicht und ein Ziel. Das zeigt er zwar nicht offen und beredet es nach Möglichkeit auch nicht. Doch sollte man sich nicht darüber hinwegtäuschen, dass er dieses Ziel skrupellos umzusetzen gewillt ist. Weder Humor noch Rücksicht mildert seinen Weg, dazu hat er in seinem Überlebenskampf keine Zeit. Er ist ein Individualist in Reinkultur, was ihm unbestreitbar egozentrische Züge verleiht. Trotzdem legt er erstaunlich viel Wert auf die Meinung anderer. Vermutlich, um unnötige Störungen von außen von vornherein auszuschließen. Denn für echtes Harmoniebedürfnis ist der Steinbock viel zu wenig konziliant.

Der Steinbock als Partner

Steinböcke scheinen die geborenen Junggesellen des Tierkreises zu sein. Vor allem Steinbock-Männer heiraten ungern und wenn überhaupt, erst spät. Das heißt jedoch nicht, dass sie ausgesprochen gern allein durchs Leben gingen, gegen eine Beziehung haben sie meist nichts einzuwenden, nur allzu eng darf sie nicht werden.

☿ **Merkur im Steinbock:** Intellekt und Vernunft: Er kompensiert seine mangelnde Fantasie mit einem klaren, wachen Verstand und einem phänomenalen Gedächtnis.

materieller Hinsicht. Und gerade da ergänzen sich Steinbock und Stier geradezu ideal. Der Fleiß des Steinbocks und die Geduld des Stiers, der Ehrgeiz des Steinbocks und die Entschlossenheit des Stiers: diesem Team kann so bald nichts das Wasser reichen.
In anderer Hinsicht geht es nicht ganz so harmonisch zu. So kann es leicht passieren, dass die beiden das Geldverdienen über Leidenschaft und Erotik stellen. Fühlt sich dann einer von beiden zu wenig umworben und bedient, stehen sie ratlos und stumm im Abseits und wissen sich kaum zu helfen. In der Regel sind die Gemeinsamkeiten der beiden jedoch ausreichend groß, um diese Irritation zu überwinden.

Steinbock und Zwillinge

Zwillinge brechen wie ein Wirbelsturm in das Leben eines Steinbocks ein. Luftig und leicht stürmen sie auf ihn ein und um ihn herum, so dass er gänzlich die Orientierung verliert. Seine eisernen Regeln und Gesetze scheinen aus den Angeln gehoben. Und während er noch auf seiner Festungsmauer sitzt und der Eroberung harrt, haben es sich die Jünger Merkurs längst in seiner Kemenate bequem gemacht.
Wenn Steinbock und Zwillinge aufeinandertreffen, dann wohl, um aneinander zu lernen. Denn sie besitzen in großem Ausmaß gerade jene Eigenschaften, die dem anderen fehlen, um

Daher wirken viele Steinböcke auf ihre Umwelt wie Eisbrocken, die zu wahrer Liebe nicht fähig wären. Weit gefehlt, wenn diese Wesen lieben, dann trotz aller Distanz tief und herzlich. Das Dumme ist nur, dass sie enorme Probleme haben, ihre Gefühle zu zeigen, Nähe zuzulassen und Liebesgaben des Partners anzunehmen. Betrachtet man ihre tierischen Namensvetter, wird dies auch gleich viel verständlicher. In einer rauen Umgebung braucht ein Lebewesen einen gewissen Raum für sich, um zu überleben. Lassen Sie also nicht zu, dass Schwiegermutter, Busenfreundin oder Kumpel Ihren Steinbock-Partner madig machen.

Geheiratet wird bei einem Steinbock-Mann in der Regel erst, wenn er sich eine Existenz aufgebaut hat. Überhaupt ist sein Weltbild stark von traditionellen Rollenklischees durchdrungen. Überzeugte Feministinnen seien vor diesem Mann gewarnt, zumal es ein aussichtsloses Unterfangen ist, ihn umzumodeln. Im Gegenteil, er wird permanent bemüht sein, Sie zu seinem Weltbild zu bekehren, wobei er trotz seiner ständigen Betonung der weiblichen Tugenden wenig Zugang zu den femininen Seiten des Lebens zeigt.

Die Steinbock-Frau heiratet öfter jung als ihre männlichen Pendants; vor allem dann, wenn sie auf der Suche nach einem Vaterersatz ist. Ansonsten zeigt sie auch eine auffallende Vorliebe für Hausmänner, die ihr trautes Heim in Ordnung halten, während sie den Erfolgen in Beruf und Politik nachhetzt. Dieser Rollentausch kann bei ihr zu einer regelrechten Manie werden, die sie mit wahrhaft missionarischem Feuer erfüllt. Im Eifer des Gefechtes wirft sie allerdings sämtliche Aspekte von Gleich-

Venus im Steinbock: Liebe und Leidenschaft: Sex und Liebe werden entkoppelt – Sex ohne Liebe, aber auch Liebe ohne Sex, wenn der Geliebte nicht will. ♀

leichter leben zu können: Der Steinbock verfügt über die ruhige, gelassen Ernsthaftigkeit, die den Zwillingen fehlt; diese wiederum haben jene sprühenden Ideen, die dem Steinbock mehr Leichtigkeit verschaffen könnten. Doch leider – so sehr sich die beiden auch bemühen, sie lernen in den seltensten Fällen etwas von- und miteinander.

Steinbock und Krebs

Eigentlich passen Wasser und Erde recht gut zusammen. Dass es in diesem Fall nicht so gut klappt, liegt an den extremen Ausprägungen der beiden. Der Steinbock braucht für sein Leben ausreichend viel Platz. Doch den ist der Krebs beim besten Willen nicht in der Lage, ihm einzuräumen. Es hat nichts mit Misstrauen zu tun, dass er bei seinem Partner klammert. Er kann einfach nicht anders, weil er sonst im Ozean seiner Gefühle unterzugehen droht.

Dass sie es doch miteinander probieren, liegt vor allem an der Aussicht auf ein trautes Heim. Das hat für den Steinbock eine ähnlich große Anziehungskraft wie für den Krebs. Um es sich zu erhalten, sollte er tunlichst lernen, auf die romantischen Bedürfnisse seines Krebs-Partners einzugehen und ihn auch auf erotischem Gebiet nicht zu überfordern. Ein Krebs sollte noch nicht einmal ahnen, dass sein geliebter Partner auch gänzlich ohne Gefühle Sex genießen kann.

berechtigung und Arbeitsteilung über Bord. Ihr Familienmodell wird zum Rollentausch, nicht zur Rollenteilung.

Der hoffnungsvolle Anfang

Wenn Sie einen Steinbock erobern wollen, sollten Sie zumindest in einem gewissen Ausmaß die Begabung zum Alleinunterhalter mitbringen. Es gibt Menschen, die behaupten, Steinböcke seien nie amüsant. Das stimmt so natürlich nicht. Aber da sie lange in der Reserve bleiben und allzu gerne beobachten, wie man ihre Festung zu erstürmen versucht, wirken sie entsprechend. Zu allem Überfluss sind Steinböcke kein Freund geselliger oder gar gesellschaftlicher Ereignisse, so dass Sie zunächst wirklich ganz auf sich gestellt sind.

Am ehesten erreichen Sie diesen spröden Gesellen im Gespräch. Das mag einfach klingen; schließlich entfacht man bei so manchem Vertreter des Tierkreises die Leidenschaft auf diese Weise. Doch bei keinem zweiten heißt es, so viele Regeln zu beachten: Vermeiden Sie allzu Oberflächliches, selbst wenn Sie dadurch die Chance verschenken, Ihren gesamten Esprit zu zeigen. Steinböcke bevorzugen ernsthafte Gespräche. Vermeiden Sie allzu direkte oder intime Themen. Für Ihr Gegenüber zählt übrigens auch das Geld zu jenen Tabus, über die er ungern etwas preisgibt.

Übertreiben Sie nie, schneiden Sie nicht auf und halten Sie nicht mit Ihrer Meinung hinterm Berg. Der Steinbock durchschaut solche Gesprächswindungen

♂ **Mars im Steinbock:** Tatkraft und Antrieb: Zäh, ausdauernd und ehrgeizig fällt er in der Masse nicht weiter auf, um schlussendlich doch als erster am Ziel anzukommen.

Steinbock und Löwe

Im ersten Augenblick sind Steinböcke von der Kraft eines Löwen beeindruckt. Doch leider entpuppt sich dieser Machtmensch bei näherem Hinsehen schnell als Dampfplauderer, dem der Schein wichtiger ist als wahre Macht. Daher wenden sich viele Steinböcke schon recht bald von einem Löwen ab, so aussichtsreich die Sache anfangs gewirkt haben mag.
Ganz ohne nähere Berührung werden die beiden jedoch trotzdem nicht auseinandergehen. Zumindest wenn der Löwe Feuer gefangen hat, ist die Wahrscheinlichkeit, dass die beiden für heiße Nächte im Bett miteinander landen, recht groß. Lernt der Steinbock dabei, dem Löwen seinen Tribut in Form von Komplimenten zu zollen, und beginnt der Löwe dafür, den Steinbock zu verwöhnen, bestehen sogar Chancen auf eine weiterführende Beziehung. Zur gegenseitigen Entwicklung haben sie allerdings nur wenig beizutragen.

Steinbock und Jungfrau

Welch verwandtes Wesen scheint da dem Steinbock über den Weg zu laufen. Da wird nicht romantisch gesäuselt oder kompliziert agiert – und trotzdem verharren beide zunächst einmal abwartend, um den anderen genau unter die Lupe zu nehmen. Keine Frage, sie brauchen

sofort und wird Sie dafür verachten. Droht Ihnen der Gesprächsstoff auszugehen, können Sie versuchen, den gemeinsamen Besuch einer Fortbildungsveranstaltung anzuregen. Oder Sie schleppen den Steinbock Ihrer Wahl auf eine alte Burgruine. Vielleicht beschleunigt dieser äußerliche Festungssturm den Fall seiner inneren Burgmauern. Mit einer Flasche Enzian oder einer Lotosblume erhöhen Sie die Wahrscheinlichkeit; ebenso mit Patchouli oder Myrrhe in der Duftlampe.

Wollen Sie „Ihrem Steinbock" allerdings eine ganz besondere Freude bereiten, dann schenken Sie ihm eine Kleinigkeit, die vermutlich in den kommenden Jahren an Wert gewinnen wird wie eine alte Münze, eine Modeuhr aus einer Sonderedition oder ein limitierter Druck eines Nachwuchskünstlers. Spontane Dank- oder gar Liebesbezeigungen sollten Sie jedoch auch in solch einem Fall nicht erwarten.

Der Eros des Steinbocks

Der Steinbock ist spröde, nicht prüde. Wer den feinen Unterschied zwischen beidem kennt, weiß um die erotischen Qualitäten dieses Tierkreiszeichens. Ein Steinbock will umworben, erobert, verführt werden. Er selbst ist alles andere als ein Verführer. Er mag sich nicht anstrengen, zumal es um so vieles unterhaltsamer ist, wenn man umworben wird. So ist ein Teil seiner reservierten Zurückhaltung reine Strategie. Gibt er sich jedoch geschlagen und gibt seine Verteidigungslinien auf, locken lustvolle Momente. Sein Liebesspiel wird zwar nie von hinwegspülender Leidenschaft geprägt,

Jupiter im Steinbock: Wachstum und Freiheit: Er bewegt die Dinge durch seine Zähigkeit und seine Ausdauer, wobei ihm persönliche Freiheit extrem wichtig ist. ♃

Zeit, dafür kennen sie sich dann aber bereits, wenn sie sich auf eine Beziehung einlassen.
Der Steinbock gibt den Rahmen vor, die Jungfrau sorgt für die Fächer, in die die Kleinigkeiten des Lebens einsortiert und übersichtlich verstaut werden können. Das vermittelt ihnen gleichermaßen Sicherheit und Vertrautheit. Da der Steinbock zunächst abwartend verharrt, ringt sich die Jungfrau sogar dazu durch, erotische Impulse auszusenden. Das fällt ihr bei diesem Gegenüber sogar überraschend leicht, weil sie stets das Gefühl hat, mit ihm die Situation unter Kontrolle zu haben. Läuft der Steinbock dann im Bett zu voller Größe auf, ist sie in der Regel so aufgewärmt, dass ihre Ängste erst gar nicht auftauchen.

Steinbock und Waage

Sexappeal und ein ähnliches ästhetisches Empfinden, das sind die Ingredienzien des Zaubertrankes, den die Waage dem Steinbock verabreicht. Für einen Augenblick wirkt der starre, herbe Geselle fast schon beweglich. Doch leider nur für einen Augenblick, dann siegt sein Regelwerk und er erstarrt wieder auf seinen Standpunkten. Dann erscheint ihm die anfänglich so faszinierende Waage nur mehr wankelmütig. Und da sie ihm kaum den Gefallen tut, um ihn zu kämpfen, sondern eher im Gegenteil auf seine Avancen wartet, will aus der ganzen Angelegenheit nichts Rechtes werden.

doch hat er sehr viel für erdigen, kraftvollen Sex übrig. Der Steinbock ist kein Kostverächter. Vor allem in jungen Jahren zieht er – unbemerkt vom Freundeskreis – durch die Betten in seiner Reichweite. Meist haben die von ihm Beglückten keine Ahnung voneinander, obwohl sie im Freundeskreis engen Kontakt miteinander pflegen. Fliegt dann die mehrgleisige Beziehung auf, windet sich der Steinbock irgendwie heraus, indem er auf alte Freundschaften und Loyalitäten pocht und sich als reuiger Sünder zeigt. Interessanterweise kommt er damit nicht nur bei jenen durch, die sein Treubruch nicht betraf, sondern auch bei den Betrogenen.

Es gibt Steinböcke, die jahrelang immer wieder bei den gleichen vier bis fünf Partnern landen, um das Spiel von vorne zu beginnen. Das mag daran liegen, dass er im immer gleichen, überschaubaren Jagdrevier wildern geht. Es könnte aber auch sein, dass er es einfach wie kein Zweiter schafft, auch seiner Unbeständigkeit den Anstrich von Zuverlässigkeit zu geben. Wirklich beenden tut er dieses Spiel erst dann, wenn er sich wirklich verliebt und sich sein Partner so verhält, dass auch er sich geliebt fühlen kann. Dann entspannt er sich, wird sesshaft und ist in seiner Treue uneinnehmbar für andere – selbst für die alten Bettgenossen.

Der Steinbock-Mann

Auch der Steinbock-Mann spielt zunächst das Spiel des zögernden Verführten, um dann mit ganzer Kraft die Führung zu übernehmen. Wer ihn erobert, sollte nicht dem

♄ **Saturn im Steinbock:** Verantwortung und Sicherheit: Unbeirrt von Rückschlägen geht dieser Mensch seinen Weg, verliert dabei aber mitunter seine Lebensfreude.

Bewältigen die beiden schlussendlich doch ihre Anlaufschwierigkeiten, steht das nächste Problem vor der Tür – oder besser, im Bett. Denn mit dem langen Anlauf, den die hin und her schwankende Waage auch bei erotischen Dingen nimmt, vermag der Steinbock nichts anzufangen. Wird er ungeduldig, fühlt sich die Waage schrecklich missverstanden und schmollt.

Steinbock und Skorpion

Treffen Steinbock und Skorpion aufeinander, ist die Begeisterung anfangs groß. Endlich ein Wesen mit Prinzipien und Rückgrat, das ähnlich wie man selbst zunächst beobachtend abwartet, um sich eine Meinung zu bilden. Wenn sich die beiden näher kommen, ist die Enttäuschung ebenso groß. Denn ihre jeweiligen Weltbilder passen mehr schlecht als recht zusammen. Und da beide von einem unbezähmbaren missionarischen Eifer sein können, fliegen bald die Fetzen. Spielen sie nach ganz gewissen Spielregeln, so können sie sich trotz allem auf eine Beziehung einlassen, wenngleich auf keine besonders enge. Sex und Liebe ja, aber Zusammenziehen lieber nicht, auf diesen Nenner lässt sich die Zukunftsperspektive dieses Paares bringen. Rücken sie zu dicht zusammen, verjagt die Eifersucht des Skorpions den Steinbock. Der geht übrigens gar nicht so ungern, denn eigentlich neidet er dem Partner den Zugriff auf die gemeinsamen Ressourcen.

fatalen Irrtum erliegen, dieser Mann bliebe so passiv wie zu Beginn. Ist der erste Kontakt erst einmal hergestellt und herrscht grundsätzlich Einigkeit bezüglich der gegenseitigen Anziehung, wird der Steinbock zu einem zielstrebigen Liebhaber.

Prüderien wischt er ohne weiteres Federlesen beiseite, wobei er kaum Rücksicht auf die Gefühle seiner Partnerin nimmt. Sein erotisches Verlangen ist egozentrisch. Dabei kann der Steinbock-Mann völlig skrupellos vorgehen, zumal er eine Vorliebe für junge und unerfahrene Frauen hat.

Zudem kann der Steinbock auch deshalb zum schwierigen Bettgenossen werden, weil er zu Perversionen neigt. Er hat eine ausgesprochen sado-masochistische Ader, wenngleich er anders als sein weibliches Pendant nie den zweiten Teil des Spieles übernimmt.

Doch all das ist noch lange kein Grund, um den Steinbock einen Bogen zu machen. Fühlt er sich nämlich geliebt, wird er zu einem treuen und ergebenen Partner, mit dem es herrlich körperliche Stunden der Erotik zu genießen gibt. Und das Beste daran ist: Er wird mit zunehmendem Alter immer besser!

Die Steinbock-Frau

Die Steinbock-Frau unterscheidet wie kaum eine andere Vertreterin des Tierkreises zwischen Liebe und Sex. Trotz ihrer reservierten Art ist sie für kurze, heftige Abenteuer durchaus zu haben; allerdings bei sich zu Hause. In fremde Betten schlüpft sie

Uranus im Steinbock: Veränderung und Bewegung: Seine große Stärke ist die Bereitschaft, Konflikte zu bereinigen und dabei auch Verantwortung zu übernehmen.

Steinbock und Schütze

Dem Steinbock ist der Schütze mehr als suspekt. Ständig mit den Augen am Horizont, ignoriert dieses Wesen so völlig die Grundlage unter seinen Füßen, dass der trittsichere, bedächtige Steinbock schon fast an seinem Verstand zu zweifeln beginnt. Aber es ist nicht nur Unverständnis, es ist auch Neid, was sich im Herzen des Bergbewohners regt, wenn er dem visionsträchtigen Blick des Schützen dann doch einmal folgt. So will er es mit diesem Wesen zumindest einmal versuchen, zumal er bei ihm Kraft und Feuer spürt.

In der Phase der Eroberung gibt es zunächst keine Probleme, da der Steinbock dem Schützen durchaus als lohnendes Wild erscheint. Doch bald wird der zunächst stark wirkende Schütze in den strengen Augen des Steinbocks zum übermütigen, verschwenderischen Fantasten. Dann helfen auch die tollen Nächte nicht mehr, um die Differenzen zwischen den beiden zuzudecken.

Steinbock und Steinbock

Auf den ersten Blick scheint der Verbindung von zwei Steinböcken keine glückliche Zukunft beschieden zu sein, stoßen doch zwei Machtmenschen aufeinander, die ihre Probleme mit der Unterordnung haben. Doch ein Blick in die Natur enthüllt ein Miteinander, das von eige-

nicht so schnell. Schließlich will sie den Bettgefährten jederzeit vor die Tür setzen und allein einschlafen können. Das macht sie übrigens tatsächlich auch noch, wenn die Beziehung längst über den Status einer kleinen Affäre hinausgewachsen ist.

So kommt sie auch ausgesprochen schnell zur Sache. Kerzenlicht, romantische Musik und Liebesgeflüster betrachtet sie als reine Zeitverschwendung. Sie will Lust, und die sofort. Kompromisslos lässt sie ihren Körper regieren.

Doch fehlt die Liebe auf Dauer, bekommt ihre Sexualität etwas Zwanghaftes, ja fast schon Nymphomanisches. Ist dagegen Liebe im Spiel, wird die sonst zügig auf ihre Lust zusteuernde Steinbock-Frau zurückhaltender. Dann will auch sie erobert werden und sorgt mit ihren Festungsmauern für eine Art des Vorspiels.

Ihre Haut ist in diesem „Kampf um ihren Fall" die beste Angriffsfläche. Knabbern Sie an ihren Ohren, unter ihren Achseln und streicheln Sie mit der Zungenspitze Augenlider und Lippenrand. Überhaupt ist sie für alle Liebkosungen empfänglich, die den zarten Stellen der Haut gelten.

Einmal in Fahrt, wird sie dagegen wieder schnell die Zügel in die Hand nehmen. Ein Sexspielzeug ist diese Frau beileibe nicht, auch wenn sie in ihrer Kraft einiges für Sado-Maso-Spiele übrig hat. Doch wer ihre passive Rolle dabei falsch einschätzt, findet sich schnell vor ihrer Haustür wieder.

♆ **Neptun im Steinbock:** Vorstellungskraft und Intuition: In diesem Bereich ist er nur bedingt in seinem Element, wenngleich er trittsicher seine Vorstellungen verfolgt.

nen Artgenossen geprägt wird. Steinböcke leben in weit auseinandergezogenen kleinen Gruppen. Ein Blick in die Ehe- und Scheidungsstatistik bescheinigt den menschlichen Steinböcken erstaunliche Parallelen zur Tierwelt. Sehr deutlich bevorzugen sie das eigene Sternzeichen als Ehepartner, vermutlich, weil kein anderes Wesen den für ihr Überleben notwendigen Freiraum akzeptieren könnte.

Rasend interessant, innovativ oder aufregend verlaufen diese Beziehungen nicht. Dafür treffen sich hier zwei viel zu konservative Menschen. Diese Ehen sind erstaunlich haltbar, vor allem, wenn es immer wieder gilt, Zeiten der Trennung zu überdauern.

Steinbock und Wassermann

Steinbock und Wassermann sind durch Saturn verbunden. Doch was sich beim Wassermann als vage Verehrung alter Traditionen auswirkt, ist beim Steinbock ein fest gefügter Lebensplan. Damit sind Reibungen zwar geradezu vorprogrammiert, doch liegen darin auch der Reiz und die Chance dieser Beziehung.

Doch damit es so weit kommt, müssen die beiden zunächst einmal das wechselseitige Desinteresse überwinden. Dann hat der Steinbock die Chance, Ordnung in die mangelnde Selbstorganisation des Wassermanns zu bringen und profitiert dafür seinerseits von der

Das schnelle Ende

Ein Steinbock nimmt die Liebe ernst. Fühlt er sich geliebt, geht er für seinen Partner durchs Feuer und ist gegen Anfechtungen aller Art immun. In dieser Erkenntnis liegt auch schon ein Teil des Geheimnisses, wie Sie den ungeliebten Steinbock vertreiben: Geben Sie ihm das Gefühl, nicht mehr geliebt zu werden.

Verweigern Sie ihm die üblichen Handreichungen. Stellen Sie die interne Arbeitsteilung auf den Kopf. Wenn Sie es waren, der das Geld nach Hause gebracht hat, dann verweigern Sie ihm Taschengeld und Unterstützung. Sorgten Sie sich dagegen in der Vergangenheit um das leibliche Wohl und den Haushalt, dann vernachlässigen Sie ihre Haushaltspflichten.

Beschränken Sie Ihre Kochkünste auf Tütensuppe, Dosenravioli und belegte Brote. Vor allem letztere machen einen Steinbock rasend, da er das tief verwurzelte Gefühl hat, zum Überleben täglich zumindest eine warme Mahlzeit zu brauchen. Außerdem widerstrebt eine derartige Diät seinem ausgeprägten Geschmackssinn. Das lässt er sich nicht lange bieten.

Machen Sie sich über seine Schwerfälligkeit lustig und nennen Sie ihn langweilig. Vor allem im Bett erreichen Sie damit viel. Derart kritisierte Steinböcke neigen zu Frigidität bzw. Impotenz. Hilft alles nichts, beschimpfen Sie seine Familie. Die Loyalität, die ihn bislang hielt, wird ihn jetzt endlich veranlassen, zu gehen.

Pluto im Steinbock: Transformation und Neubeginn: Er leitet den Neubeginn so langsam und überlegt ein, dass viele die Veränderung kaum bemerken. ♇

Offenheit des Partners. Allerdings haben beide Schwierigkeiten, ihre Gefühle zu zeigen. Die Beziehung wird daher vor allem auf intellektueller Ebene laufen; Intimitäten gestalten sich dagegen schwierig. Vermutlich wird der Steinbock deshalb nur allzu gern auf den Impuls des Wassermanns eingehen, das Ganze in eine loyale, feste Freundschaft zu verwandeln.

Steinbock und Fische

Steinbock und Fische ergänzen sich hervorragend, auch wenn diese Kombination fast schon so etwas wie ein Geheimtipp der Astrologie ist. Der Steinbock lässt sich von den Fischen nichts vormachen, setzt sich dort durch, wo sie zögern, und behauptet sich, wo sie sich anpassen. Er ist also der optimale Partner, um die Träume der Fische so pragmatisch umzusetzen, dass sie sich dabei nicht opfern müssen.

Andererseits profitiert aber auch der Steinbock von dieser Verbindung. Er kann sich nämlich manchmal zu einem steif wirkenden, etwas bockigen Gesellen entwickeln, dem seine Lebensregeln über alles gehen. Doch die hinreißende Erotik der Fische, gekoppelt mit dem Freiraum, den auch sie brauchen, lockern ihn unweigerlich auf. Und so kommt es zu einer Kombination aus Erd- und Wasserzeichen, die wirklich fruchtbar zu werden verspricht.

Der Wassermann und die Liebe

Der Wassermann wird gleich von zwei Zeichen regiert: von Saturn und Uranus, jenen Urvätern, die beide ihren Söhnen weichen mussten. Doch macht ihn die doppelte Herrschaft auch zu einem zwiespältigen, schwer zu durchschauenden Wesen. Saturn verleiht seinem Denken und Handeln Struktur und Ordnung, stattet ihn mit einem strengen Moralkodex aus und verleiht ihm eine gewisse Ehrfurcht vor Traditionen. Uranus ist hingegen eine Variation des Merkurs auf einer höheren Ebene. Aus dem Gaukler und Dieb wird ein Magier und Erfinder, der kleinliche Regeln und Strukturen hinter sich lässt, um zu neuen Zusammenhängen zu finden.

Seit nunmehr drei Jahrzehnten wird der Wassermann als Bote eines neuen Zeitalters gehandelt: als Visionär, als Vertreter von kreativem Chaos und Veränderung, als Vorbote für die Überwindung von Materialismus, Kollektivismus und anderen Massenphänomenen. Man hofft, mit ihm zieht ewiger Friede und allumfassende Harmonie auf der Erde ein. Mittlerweile wissen wir mehr um die Schatten dieses Wesens. Die Utopien des Wassermanns sind hinreißend, seine geistigen Fähigkeiten atemberaubend. Doch machen ihn Ungeduld und mangelndes Einfühlungsvermögen oft zu einem Zerstörer, wo er eigentlich als Retter auftreten wollte.

Die geistigen Qualitäten seiner Väter Saturn und Uranus sind dem Wassermann heilig. Er ist ein brillanter Denker, ein messerscharfer Analytiker, dessen Ergebnisse durch die sprunghafte Art seines Denkens zu völlig überraschenden und kreativen Ergebnissen führen. Neugierig, wie er ist, passieren oft auch irrationale

Mond im Wassermann: Stimmungen und Gefühle: Ein idealistischer Zeitgenosse, der das Wagnis liebt und für seine Ideen eintritt, auch wenn das in den Abgrund führt. ☽

Wassermann und Widder

Wassermann und Widder ergeben ein unwiderstehliches Gespann. Der Wassermann sprüht vor Ideen, der Widder setzt sie gut gelaunt um. Für den Wassermann ist diese Verbindung jedenfalls ein Glücksfall. Denn der Widder fängt seinen Gefährten mit aller gebotenen Energie wieder ein, wenn dieser an seinen Luftschlössern baut. In den meisten Fällen gelingt ihm dies schon deshalb so gut, weil auch der Widder in der Tiefe seines feurigen Wesens einen guten Zugang zu jenen spirituellen Welten hat, in die der Wassermann so gern entfleucht. Eine unerschöpfliche Kraftquelle findet dieses Paar im Bett. Der Wassermann bringt den Kitzel der Neuerungen ein, der Widder die körperorientierte Leidenschaft. Vielleicht ist der Widder nicht immer einfühlsam genug, vielleicht lässt es der Wassermann im Bett ab und zu an Takt fehlen. Doch im Großen und Ganzen beziehen die beiden die Kraft für ihr anstrengendes Leben aus der gemeinsamen Erotik.

Wassermann und Stier

Gerät man in einen Streit zwischen Wassermann und Stier, so fühlt man sich unversehens in eine Komödie versetzt. Stur beharren die beiden auf ihren Standpunkten, ohne zu bemerken, dass sie über gänzlich verschiedene Dinge reden. Doch was beim Außenstehenden Belustigung hervorru-

Zusammenhänge seine rationalen Filter. Dann zeigt er sich von seiner spirituellen, fast schon okkulten Seite, durch und durch vergeistigt. Seine Spiritualität ist jedoch eine des Kopfes, keine des Herzens.

Der Zugang zu Gefühlen ist dem Wassermann fast gänzlich verwehrt. Er liebt die Menschheit als Ganzes, sich selbst oder seine Nächsten vergisst er dabei. Ungeduldig und wenig feinfühlig geht er über ihre Bedürfnisse hinweg, mehr noch, er ist unfähig, die Komplexität menschlicher Beziehungen zu begreifen. So zieht der Wassermann auf der Jagd nach seinen allumfassenden, visionären Idealen oft eine Spur der Verwüstung.

Neben den geheiligten Qualitäten seiner geistigen Väter muss der Wassermann erst mühsam lernen, die Göttlichkeit seiner Erdmutter Gaia zu erkennen und zu schätzen. Und er muss lernen, dass es nicht ausreicht, der Menschheit das „Wasser des Lebens", die Gefühle, zu bringen, ohne selbst ab und zu darin einzutauchen. Denn sonst passiert mit seinem Leben im Kleinen, was mit dem heiß ersehnten Wassermann-Zeitalter im Großen geschieht: Es wird verkannt, generell bestritten oder als herbe Enttäuschung beiseite geschoben.

Der Wassermann als Partner

„Wasch mich, aber mach mich nicht nass" scheint in der Partnerschaft die Maxime vieler Wassermänner zu sein. Kein anderes Luftzeichen glaubt derartig heftig, dass

☿ **Merkur im Wassermann:** Intellekt und Vernunft: Sein Intellekt und seine Originalität sind eine Bereicherung für jede Runde, auch wenn er ins Schrullige abgleitet.

fen mag, ist für diese Beziehung eine echte Katastrophe. Der Wassermann mag einfach nicht auf den Boden der Tatsachen kommen und reagiert verärgert, wenn sich der Stier weigert, ihm in seine Luftschlösser zu folgen. Er fühlt sich eingeengt, wo sein Partner Gemütlichkeit schaffen will, und in seinen Idealen missachtet, wo der Stier Seitensprünge und Treuebruch wittert.
Selbst im Bett gehen die Missverständnisse weiter. Nachdem sie sich anfangs gegenseitig recht anziehend fanden, will es nach dem Ausziehen nicht so recht klappen. Den Wassermann irritiert die sinnliche Erotik des Stiers, der wiederum von den neuen Ideen des Wassermanns nach anfänglichen Kostproben wenig hält.

Wassermann und Zwillinge

Die Verbindungen der Luftzeichen werden allgemein gerne als leicht und abwechslungsreich bejubelt. Doch ganz so luftig und lustig geht es in diesen Partnerschaften in Wahrheit dann doch nicht zu. Eigentlich liegen die Schwierigkeiten der beiden auf der Hand. An Ideen wird es ihnen tatsächlich nicht mangeln. Aber wer soll in dieser Beziehung etwas zu Ende bringen, wer soll den Wert der Visionen und Ideale im Alltag abschätzen? Und wer soll für solch erdige Bedürfnisse wie geordnete Finanzen, eine warme Mahlzeit täglich oder lustvollen Sex sorgen?
Natürlich kann eine Beziehung auch ohne all

ihm die Luft ausgeht, wie er. In dieser Beziehung ist er wirklich ein Prototyp unserer Zeit. Er ist alles andere als ein Einzelgänger und liebt die Annehmlichkeiten einer Partnerschaft. Doch wenn es zur Sache geht und er Verantwortung übernehmen oder sich gar einschränken soll, weicht er aus.

Gelingt es Ihnen, Ihrer Wassermann-Beziehung einen ausreichend großen Rahmen zu stecken, dann warten die nächsten Schwierigkeiten auf Sie. Der Wassermann gehört nämlich auch zu jenen unverbesserlichen Weltverbesserern, die Wasser predigen und Wein trinken. Er macht das nicht mit Absicht, es passiert ihm einfach. Denn während er große Ideale und mitreißende Visionen vor Augen hat, fehlt ihm der Blick auf sich selbst und seine Nächsten.

Er ist der Mann, der die Gleichberechtigung auf seine Banner schreibt und zu Hause seiner Frau seelenruhig dabei zusieht, wie sie beim Spagat zwischen Schularbeiten ihrer Kinder, Haushalt und Beruf schier zerrissen wird. Macht sie ihm irgendwann eine tränenreiche Szene, weil sie die Doppelt- und Dreifachbelastung einfach nicht mehr aushält, zieht er sich ungerührt auf den Standpunkt eines intellektuellen Beobachters zurück.

Gefühle sind ihm peinlich; die der anderen genauso wie die eigenen. Daher verdrängt er sie auch so gründlich, dass er sie noch nicht einmal selbst erahnt. Er verkörpert geradezu die Probleme, die Männer heutzutage haben. Er ist kein Macho, aber Gefühle kann und will er nicht zulassen. Erwarten Sie also keine glühenden Liebeserklärungen von ihm. Er kennt das Gefühl brennender Liebe einfach nicht.

Venus im Wassermann: Liebe und Leidenschaft: Ein Kontaktkünstler, der jedoch immer selber entscheidet, wie weit die Beziehung gehen darf. ♀

diese Dinge befriedigend laufen. Doch gehen die Schwierigkeiten weiter. Dem Wassermann sind die ständigen Rollenspiele der Zwillinge verhasst. Schließlich hat er das Stadium des Gauklers bereits hinter sich gelassen. Er ist der Magier, der als solcher geachtet werden will. Und da ergreift der Zwilling dann lieber doch die Flucht.

Wassermann und Krebs

Wenn ein Wesen dem Wassermann die Bedeutung von Gefühlen vermitteln kann, so ist dies der Krebs. Zunächst muss der Wassermann allerdings sein Gefühl überwinden, von dem emotionsgeladenen Zeitgenossen erstickt zu werden. Die besten Chancen haben die beiden, wenn der Wassermann seine Ideale für die Menschheit im Ganzen auf den Krebs im Speziellen umlenkt. Der Krebs weiß es nämlich sehr zu schätzen, wenn sich ein Mensch ganz in den Dienst seiner Entwicklung stellt; genau so, wie es im Idealfall die Mutter des kleinen Krebses einst getan hat. Doch für eine dauerhafte Beziehung müssen die beiden viel voneinander lernen: Der Krebs muss seinen Hang, beleidigt zu reagieren, genauso in den Griff bekommen wie der Wassermann seine gefühllose Ehrlichkeit. Denn während der Krebs im Bewusstsein seiner Emotionen verstockt dasteht und vergeblich auf eine Regung seines Partners wartet, verleugnet der Wassermann sogar vor sich selbst, was ihn bewegt.

Und da er darüber hinaus ein schonungslos ehrlicher Mensch ist, wird er Ihnen das auch ganz unverblümt sagen.

Dieses merkwürdige Verhältnis zu den eigenen Gefühlen hat allerdings auch seine guten Seiten. Sie brauchen auf „Ihren Wassermann" trotz seines Freiheitsdranges nicht allzu sehr aufzupassen. Er flirtet zwar für sein Leben gern; schließlich ist er an allem Neuen, Anregenden interessiert. Doch verliebt er sich dabei kaum. Das wäre ihm schlicht zu peinlich. Er lässt seine verdrängten Wünsche lieber in seinem Kopf Gestalt annehmen und lebt sie in versponnenen erotischen Fantasien aus.

Wassermann-Frauen tauchen in zwei zunächst sehr unterschiedlichen Varianten auf: Beide sind sehr idealistisch, doch richtet die eine ihre Ideale auf Haushalt, Kinder und andere traditionell weibliche Belange, während die zweite ihre Visionen in der Berufswelt, oft sogar in männlich dominierten Bereichen sucht. Egal, welches Feld sie auch zu ihrem gemacht haben mag, die Wassermann-Frau wird nie zum Opfer der Umstände, sondern steht aus freien Stücken auf ihrem Platz. Sie weiß, was sie will, und das nimmt sie sich auch.

Vielleicht werden Sie wie viele andere Partner von Wassermännern auch die Erfahrung machen, dass dem Wesen an Ihrer Seite Freundschaft ungleich wichtiger ist als Liebe. Seien Sie nicht enttäuscht. Wassermänner sind hinreißende Freunde, loyal, idealistisch und schwungvoll, auch wenn Sie auf Sinnlichkeit bei ihnen vielleicht vergeblich warten müssen.

♂ **Mars im Wassermann:** Tatkraft und Antrieb: Ein Idealist, der bei der Verfolgung seiner Ideale unschlagbar ist, aber verkümmert, wenn es um Alltagsroutinen geht.

Wassermann und Löwe

Warum sich die beiden bekriegen, weiß keiner so genau. Denn eigentlich sind sie für einen gemeinsamen Hofstaat wie geschaffen. Der herrschende Löwe könnte augenzwinkernd auf seinen Hofnarren schauen, der sich in dieser Rolle tatsächlich die ganze Narrenfreiheit nehmen könnte, die er zum Leben braucht. Tatsächlich gibt es solche Paare auch, doch sind sie erstaunlich selten. Schaut man sich die astrologische Grundkonstitution der beiden an, kommen die Grundprobleme zum Vorschein. Dem Wassermann fehlt das Gefühl dafür, wann der Löwe bewundert werden möchte; und selbst wenn er es hätte, so würde er es kaum tun. Denn seine Bewunderung gilt abstrakteren Dingen als einer schönen Partnerin oder einem geistreichen Partner. Zudem ist ihm der körperbetonte Löwe unheimlich, was die Erotik im gemeinsamen Bett gegen null drückt. Wenn der Wassermann dann auch noch beginnt, sein Widerstreben zu analysieren, ist beim König der Tiere der Ofen aus.

Wassermann und Jungfrau

Im ersten Augenblick mag sich der Wassermann „Vergiss es" denken. Doch dann erliegt er der Rhetorik der Jungfrau doch. Denn sie ist von ihm so fasziniert, dass sie alle Register ihrer (intellektuellen) Fähigkeiten zieht, um seine Aufmerksam-

Der hoffnungsvolle Anfang

Das Element des Wassermannes ist die Luft, und entsprechend luftig sollte Ihre erste Annäherung an diesen Visionär ausfallen. Mit aufreizender Kleidung, romantischem Gesäusel oder körperlichen Verführungskünsten erreichen Sie bei diesem Vertreter des Tierkreises nicht viel. Während der ersten Rendezvous seine Leidenschaft zu wecken, grenzt an ein Ding der Unmöglichkeit. Versuchen Sie lieber, Interesse und Bewunderung in ihm zu schüren.

Das gelingt Ihnen sicherlich dort am besten, wo der geistige Hunger oder die Neugierde des Wassermanns befriedigt werden. Laden Sie ihn auf einen frühmorgendlichen Spaziergang über den Großgrünmarkt oder den Fischmarkt ein, gehen Sie mit ihm ins Kabarett oder besuchen Sie eine klassische Varieté-Vorführung. Schlagen Sie einen gemeinsamen Fortbildungskurs vor oder eine gemeinsame Reise.

Der Wassermann schenkt gern und lässt sich gern beschenken. Wenn es Ihre Finanzen zulassen, können Sie ihn getrost schon kurz nach dem Kennenlernen mit dem neuesten Airbus in die Disney Universal Studios nach Orlando entführen. Oder wenn es dann doch etwas günstiger sein soll, mit dem französischen Hochgeschwindigkeitszug TGV nach Euro Disney.

Natürlich können Sie mit „Ihrem Wassermann" auch das anregende Gespräch suchen – etwa im neuesten Szene-Restaurant, wo geröstete Heuschrecken an glaciertem Erbsenpotpourri serviert werden. Doch Vorsicht! Bevor Sie eine solche

Jupiter im Wassermann: Wachstum und Freiheit: Die Freiheit, die er anstrebt, basiert oft auf unrealistischen Annahmen. Zwar weiß er das, aber es stört ihn nicht. ♃

keit zu erregen. Und das ist genau die Strategie, der ein Wassermann kaum widerstehen kann. Wollen sie miteinander alt werden, haben die beiden eine Menge zu lernen. Die Jungfrau muss sich abgewöhnen, den Wassermann ständig zu kritisieren. Doch viel größer sind die Probleme, die sich aufgrund ihrer unterschiedlichen Denkmuster ergeben. Der Wassermann springt von einer Neuigkeit zur nächsten, verfolgt Visionen in ferner Zukunft und baut an unberechenbaren Luftschlössern, während die Jungfrau am liebsten alles in der alten, überschaubaren Ordnung hielte. Versteht sie es, den ordnenden Saturn in ihm zu stärken, fügen sie sich in ihrer Unterschiedlichkeit zu einem passenden Ganzen zusammen.

Wassermann und Waage

Auf den ersten Blick passen diese beiden sympathischen Chaoten hervorragend zusammen. Allerdings hat die Spontaneität der Waage wenig mit der mangelnden Selbstorganisation des Wassermanns zu tun. Sie will alle und alles berücksichtigen, um Harmonie herzustellen, er will von allen geliebt werden, wobei ihm die Bedürfnisse der anderen jedoch herzlich egal sind.
Das Paar lässt sich von solchen grundlegenden Unterschieden jedoch nicht allzu sehr stören. Dazu sind die Gemeinsamkeiten zu groß. Beide lieben den Luxus und die bildenden Künste. Langweilig wird ihnen miteinander nie. Und da

Einladung aussprechen, sollten Sie sicher sein, dass Sie die unkonventionelle Art des Wassermanns, sich zu kleiden, in diesem Umfeld aushalten.

Abseits der Kleiderfrage sollten Sie tunlichst alles meiden, was das Thema Gefühle auch nur streifen könnte. Wassermänner verdrängen ihre Emotionen in die tiefsten Abgründe ihres Unterbewussten, streiten alles ab, was sich unterhalb ihres Kopfes noch abspielen mag und hassen es, mit den Gefühlen anderer belästigt zu werden. Üblicherweise ziehen sie sich mit messerscharfen Analysen aus der Affäre und überschütten den Analysierten mit klugen Ratschlägen. Wehe, Sie setzen diese dann nicht auch um. Dann kann es durchaus passieren, dass Ihnen der Wassermann die Zügel aus der Hand nimmt und sich tief in Ihre Angelegenheiten verstrickt.

So anregend der erste Abend auch verlaufen sein mag, ein Wiedersehen müssen schon Sie in die Wege leiten. Wassermänner warten lieber ab, und in der Zwischenzeit kühlt ihre Begeisterung merklich ab. Bleiben Sie also am Ball, genießen Sie diese Phase der Annäherung und die dann folgende Zeit des Vorspiels. Darin sind Wassermänner wahre Meister.

Der Eros des Wassermanns

Das Liebesspiel mit einem Wassermann ist eine denkbar natürliche Angelegenheit. Große Inszenierungen im schwarzen Negligé oder dem ausgefallenen Herrenstring kühlen ihn eher ab. Ein Wassermann liebt die Bequemlichkeit. Die großen Flammen

♄ **Saturn im Wassermann:** Verantwortung und Sicherheit: Er hat Probleme mit dem Selbstmanagement, weshalb er oft unverantwortlich und risikofreudig wirkt.

sie sich auch genügend Freiraum für ihre individuellen Wünsche lassen, wird es ihnen auch nicht zu eng. Die besten Chancen, gemeinsam in einem Bett zu landen, haben die beiden, wenn sie in alter Freundschaft verbunden auch noch die Freuden des Eros entdecken. Wirklich aufregend wird diese Beziehung jedoch kaum.

Wassermann und Skorpion

Einem Wassermann an der Seite eines Skorpions kann man eigentlich nur gratulieren, auch wenn die Beziehung nicht viel Aussicht auf dauernden Bestand hat. Doch mit diesem Partner bekommt der Wassermann zumindest einmal eine Ahnung von menschlichen Schwächen und Bedürfnissen. Der Skorpion bringt ihn mit der Realität in Kontakt, mit funktionaler Ordnung und mit dem Gefühl, wie es ist, wenn die eigenen Träume Wirklichkeit werden. Das alles trägt ungemein zur Entwicklung des Wassermanns bei, auch wenn er sich selbst in dieser Beziehung immer wieder heftig bedauern mag.

Aus Sicht des Wassermanns ist der Skorpion viel zu besitzergreifend. Er raubt ihm damit nicht nur die Luft zum Atmen, sondern will ihm darüber hinaus sogar vorschreiben, was er zu denken und zu fühlen hat. Das kann sich dieser bindungsunwilligste Vertreter nicht gefallen lassen, zumal auch der Skorpion nicht unbedingt ein Ausbund an Beziehungsfähigkeit ist.

der Leidenschaft sind ihm fremd. Klein, aber fein ist sein beständiges Feuer der Liebe. Er wärmt seinen Partner, umhüllt ihn mit verständnisvollen, einfühlsamen Streicheleinheiten. Dabei kommt manchmal sogar so etwas Ähnliches wie eine romantische Seite zum Vorschein. Wobei der Wassermann eigentlich auch kein Romantiker in Sachen Liebe ist. Auf große Liebesschwüre warten Sie bei ihm vergeblich, und er wird Sie auch verständnislos ansehen, wenn Sie ihn extra für eine Liebesnacht im Schlafwagen nach Venedig entführen wollen.

Langeweile kommt mit diesem Vertreter der Luft jedoch auch nicht auf. Zuhause, im bequemen eigenen Bett, wird der Wassermann erfinderisch. Gewissenhaft – man könnte fast schon sagen, mit Selbstdisziplin – arbeitet er das neueste Arbeitsbuch des Tantra durch oder studiert mit Ihrer Hilfe alle Stellungen des Kamasutra. Und wenn Sie ihm die Kooperation verweigern, dann studiert er es auch allein. Wassermänner sind schließlich die Autoerotiker des Tierkreises.

Der Wassermann-Mann

Der männliche Wassermann liebt es, wenn man ihn verführt. Er ist zu so gut wie jeder Spielart bereit, die Ihnen Lust und Befriedigung verschafft, sofern er nicht allzu kommandoartig darauf hingewiesen wird. Seine Lust am Experiment artet manchmal in Sadismus aus, allerdings lässt er sich im Gegensatz zu einigen anderen Vertretern des Tierkreises mit der gleichen Neigung schon durch kleine Gesten bremsen.

Uranus im Wassermann: Veränderung und Bewegung: Kreativ lebt er ein Leben der Veränderung, dem allerdings ein für andere nachvollziehbares Ziel fehlt.

Wassermann und Schütze

Ob diese Partnerschaft gut funktioniert, ist stark von den ersten Begegnungen abhängig. Erleben sich die beiden als gleich stark, dann steht die kommende Beziehung unter einem ausgesprochen guten Stern. Lebhaft, aktiv und unberechenbar, genießen sie ihr Leben im Allgemeinen und ihre Partnerschaft im Speziellen. Doch wehe, sie treffen in Zeiten aufeinander, in denen es einem von ihnen nicht gut geht. Den anfänglichen Trost bezahlt er später mit Unterordnung.

Doch bleiben wir bei der positiven Spielart dieser Beziehung. Ihre Zeit verbringen sie vor allem mit anregenden Gesprächen, in denen der Wassermann üblicherweise das Ziel vorgibt, das der Schütze in eine jagdbare Beute umformt.

Dass ihre wilde Jagd kaum mit dem Triumph des Erfolges gekrönt ist, stört sie wenig. Ja, sie bemerken es nicht einmal, weil sie bereits das nächste Ziel im Auge haben und längst weitergestürmt sind.

Wassermann und Steinbock

Wassermann und Steinbock sind keine unmögliche, aber auch keine besonders glückliche Kombination. Manchmal mag den Wassermann der Verdacht beschleichen, der Steinbock denke sich all seine Regeln nur aus, um ihn zu quälen. Dann wird er an diesen vermeintlichen Zwängen

Auch bei ihm sind die Beine und dort vor allem die Füße und Unterschenkel jene Bereiche, die seinen Eros wecken. Und was läge da näher, als dies einmal in einer verschlungenen Vereinigung in der Schwerelosigkeit des Wassers gründlich auszukosten? Egal, wer Ihnen auch erzählt haben mag, dass Wassermänner das Liebesspiel der Wassernixen mit Poseidon, dem Meereskönig, lieben, glauben Sie es nicht. Es gibt wohl kaum eine bessere Methode, einen Wassermann auf Dauer aus ihrem Bett fernzuhalten, als mit dem Versuch, ihn in der Badewanne, im Schwimmbad oder gar im Meer zu verführen. Der Wassermann hasst die Welt der Gefühle; im Wasser, der materiellen Entsprechung, glaubt er, ertrinken zu müssen. Er ist kein Wesen halb Mensch, halb Fisch; er ist weder Poseidon noch Nixe; er ist der Wasserträger, der den Menschen das lebenswichtige Element der Gefühle bringt – allerdings ohne sich selbst dabei nass zu machen.

Die Wassermann-Frau

Neugierde und Erfindungsreichtum in Sachen Liebe ist beiden Geschlechtern gemeinsam. Dabei sprengen sie alle Konventionen. Das hat manchmal zur Folge, dass ihre Sexualität sehr maskulin wirkt und dass sie mit ähnlichen Problemen im Umgang mit Gefühlen kämpft wie der männliche Vertreter dieser Spezies. Wird sie gekränkt, etwa durch einen Treuebruch, dann wird Sie Ihnen sofort beweisen, dass ihre Prinzipien und nicht ihre Gefühle verletzt wurden.

Neptun im Wassermann: Vorstellungskraft und Intuition: Ein Bewohner des Wolkenkuckucksheims, dessen Vorstellungskraft mitunter die Bodenhaftung fehlt.

mit aller Kraft rütteln, selbst wenn er in seinem tiefsten Inneren von der Notwendigkeit einer strukturellen Ordnung überzeugt ist.
Doch zum Glück sind beide keine emotionalen Wesen. So stehen die Chancen recht gut, dass sie sich auf die intellektuelle Ebene retten, um den Streit zu beenden.
Und da beide keine Schwierigkeiten damit haben, Freiräume zu gewähren und selbst zu nutzen, hat diese Partnerschaft immer wieder erstaunlich viel Bestand.
Der Himmel auf Erden ist sie allerdings nicht. Dazu lieben die beiden viel zu unterkühlt. Als lebenslange Freunde haben sie deutlich bessere Karten.

Wassermann und Wassermann

In einer Wassermann-Beziehung geht es ausgesprochen harmonisch zu. Ordnungsliebenden Außenstehenden mag die Wohnung der beiden zwar wie der Vorhof zur Hölle erscheinen, doch die beiden lieben ihr beschauliches Chaos. So ist es auch nicht weiter verwunderlich, dass Wassermänner ausgesprochen gern ihr eigenes Tierkreiszeichen freien. Endlich ein Wesen mit ähnlichen Bindungsängsten, endlich ein Wesen mit ähnlichen Utopien.
Doch auch in diesem Fall klingen Gratulationen schal. Diese beiden sind nicht durch tiefe Gefühle verbunden. Es ist der Weg des geringsten

Bei der Wassermann-Frau sollten Sie sorgfältig darauf achten, dass sie sich nicht als Sexobjekt fühlt. Sie mag zu nichts gedrängt werden. Spürt sie viel Freiraum, wird ihr Liebesspiel fantasievoll, schöpferisch und sogar waghalsig. Besonders empfindlich sind ihre Unterschenkel, die Fußgelenke und die Oberseite ihrer Füße.

Das schnelle Ende

Sie wollen „Ihren Wassermann" loswerden? Da gibt es nur einen Weg: Gehen Sie!

Natürlich kann man auch dem Wassermann nahelegen, dass die Beziehung nicht mehr das ist, was sie einmal war. Werden Sie geizig, verweigern Sie Abendunterhaltungen und Gesellschaft, wischen Sie seine Ratschläge achtlos beiseite, machen Sie ihm täglich eine Szene und demonstrieren Sie, dass Sie Geheimnisse vor ihm haben. Schnell wird der Wassermann zu der Überzeugung kommen, dass ihn in solch einer Partnerschaft nichts mehr hält. Doch statt selbst zu gehen, wird er seinerseits die Weichen für Ihren Abgang stellen. Und das kann anstrengend werden, da er ein Meister darin ist, Chaos in allen Belangen des Miteinanders zu stiften. Er wird alles unter sich fallen lassen, Ihr Konto plündern, nur noch vorbeischauen, um sich von Ihnen die Wäsche waschen zu lassen und im Freundeskreis zweideutige Bemerkungen über Sie fallen lassen. Das wird er so gekonnt inszenieren, dass Ihnen nach einigen Wochen gar nichts anderes übrig bleibt, als ihn zu verlassen. Und das hätten Sie auch ohne all Ihre Bemühungen haben können. Also warum nicht gleich so?

Pluto im Wassermann: Transformation und Neubeginn: Ein Revolutionär, erfinderisch und unkonventionell. Für einen Neubeginn fehlt oft eine Prise Pragmatismus. ♇

Widerstandes, der sie zusammenführt. Daher hinterlassen sie auch kaum Spuren im Leben des Partners, wenn die Beziehung irgendwann doch auseinandergeht, weil einer von beiden einen interessanteren Partner mit mehr Reibungsfläche zur eigenen Entwicklung gefunden hat.

Wassermann und Fische

Der Wassermann liebt die Gesellschaft, die Fische lieben die Menschheit im Ganzen. Eigentlich sollte man meinen, die beiden sänken sich von gegenseitiger Liebe erfüllt in die Arme. Doch weit gefehlt.

Wenn der Wassermann auch alle liebt, den eigenen Partner übersieht er dabei gern. Und das ist für die empfindsamen Fische einfach nicht akzeptabel. Beleidigt ziehen sie sich in den Schmollwinkel zurück, zumal der Visionär an ihrer Seite ihnen ständig ihre Rolle als Retter der Welt wegzunehmen scheint.

Im Bett treffen sich die beiden nur, wenn ihre Fantasie mit ihnen durchgeht. Dann kann es sein, dass sie ein hinreißendes Abenteuer miteinander erleben, ohne dass dabei jedoch irgendetwas passieren würde, was dem zu Hause zurückgebliebenen Partner Grund zu einer Scheidungsklage böte. Ihre Extase erleben sie im Kopf. Echten Sex haben sie nur selten, was dem Wassermann mit den sinnlichen Fischen auch kaum gefiele.

Die Fische und die Liebe

Die Fische sind vermutlich die am stärksten verkannten Vertreter des Tierkreises. Schwach und beeinflussbar tauchen sie in der Literatur als Opfer und Gefolgsleute auf, als pseudoerleuchtete Besucher esoterischer Seminare und als Jünger charismatischer Heilsbringer mit problematischen Botschaften.

Tatsächlich neigen die Fische zur Schwärmerei und fühlen sich in geistigen Dimensionen zu Hause, in die ihnen so leicht niemand folgen kann. Bevor sie eine heftige Auseinandersetzung beginnen, lassen sie den anderen lieber gewähren. Das gibt ihnen den Anschein eines ewigen Opfers und fördert das Missverständnis, Fische seien leicht zu betrügen. Dabei ist genau das Gegenteil der Fall, was klar wird, wenn man einen Blick auf diese spezielle Welt der Fische wirft.

Ihr ganzes Glaubenssystem wird von dem Element, in dem sie leben, geprägt. Unter Wasser scheint alles um ein Drittel größer und näher zu sein und ist zudem leicht verschwommen. Trotzdem können sich die Fische in dieser Welt hervorragend orientieren. Sie erfassen instinktiv die Strömungen, die Motive und Gefühle, die ihre Mitmenschen noch nicht einmal bei sich selbst erkennen. Sie sind schwer zu täuschen und scheinen den Schlüssel zum Unterbewusstsein ihrer Mitmenschen zu besitzen. Das macht sie zu hervorragenden Therapeuten, den wahren Priestern unserer Zeit.

Ja, mehr noch: Schaffen sie es, aus ihren Träumen zu erwachen, werden sie zu den wahren Religions- und Sinnstiftern unserer Welt. Dann brauchen sie allerdings gut geerdete Begleiter und durchsetzungsfähige Gefolgsleute, die ihnen helfen, sich mit den festen Grenzen unserer materiellen Welt auseinanderzusetzen.

Mond in den Fischen: Stimmungen und Gefühle: Sein Verständnis für andere Menschen und ihre Situationen macht ihn zu einem beliebten Gesprächspartner. ☽

Fische und Widder

Im ersten Augenblick mögen die Fische in den Armen eines Widders erleichtert aufatmen. Endlich ein Wesen, das ihren Fantasien und Träumen Halt und Struktur zu geben scheint. Instinktiv wissen die Fische um die verborgenen, spirituellen Qualitäten des Widders, und es fällt ihnen gar nicht schwer, sie auch tatsächlich zutage zu fördern. So glauben sie, den idealen Beschützer und Kämpfer für ihre Mission gefunden zu haben. Im Bett erreichen sie miteinander dann auch ungeahnte Höhepunkte.
Doch wehe, die beiden verlassen nach der ersten Zeit stürmischer Verliebtheit die schützende Intimität ihres Liebeslagers. Dann wird schnell greifbar, dass ihr Lebensausdruck zu unterschiedlich ist. Die Fische reagieren überempfindlich auf die ungeschliffene Art des Widders. Außerdem stellen sie enttäuscht fest, dass dieser anfangs so stark scheinende Partner als echte Stütze ausfällt, da er viel zu ungeduldig ist.

Fische und Stier

Im Stier finden die Fische viel eher die stabile Schulter, an der sie sich anlehnen können. Doch irgendwie scheint man es diesem wendigen Zeitgenossen nicht recht machen zu können. Er wünscht sich zwar Sicherheit und Halt, doch wenn er es in Form des Stieres tatsächlich be-

Diese feinfühlige, hellsichtige, spirituelle Dimension der Fische bringt sie allerdings auch fast zwangsläufig mit ihren Schattenseiten in Kontakt; Schattenseiten, die in herkömmlichen Horoskopen ebenfalls kaum beachtet werden. Die angeblichen Opfer werden nämlich leicht zu machthungrigen, wenngleich kaum fassbar agierenden Tätern. Das darf nicht wundern, denn die Fische wissen um ihre Verletzlichkeit in unserer Welt, in der ihnen alle Voraussetzungen zum Überleben fehlen. In ihrer Fähigkeit, andere in ihre spirituelle Welt des Wassers (und des Unterbewussten) zu entführen, erkennen sie schnell eine hervorragende Waffe, um sich am Ufer der bewussten Gefilde zu behaupten.

Der zweite große Schatten der vielschichtigen Fische hängt eng mit ihrem Gurutum zusammen. Alles, was sie machen, machen sie im Übermaß. Ihre Welt des Wassers hat ihnen nie ein Gefühl für Grenzen, schon gar nicht für solche materieller Natur, vermittelt. So sind sie grenzenlose Fantasten, die keinerlei Einschränkungen ertragen. Bei Fehlschlägen fallen sie in unendliche Tiefen der Depression, Streit macht sie regelrecht krank. Dann driften sie in die körperliche, geistige und seelische Selbstzerstörung, ohne dass es ihre Umgebung sofort mitbekommen würde. Denn die Fische sind auch Meister der Tarnung und können – trotz ihres Wasserzeichens – nur schlecht über ihre Gefühle sprechen. Sie erwarten, dass Freunde und Familie ihren Zustand auch ohne große Worte erahnen.

Schwierigen Lebenssituationen entziehen sie sich, häufig mit Hilfe von Alkohol oder anderen Drogen. Dass sie in der Statistik eher als Drogenhändler denn als Dro-

☿ **Merkur in den Fischen:** Intellekt und Vernunft: Geht sich mitunter selbst auf den Leim und glaubt wider besseres Wissen an das Konstrukt in seinem Kopf.

kommt, entwindet er sich blitzschnell. Denn in seinem tiefsten Herzen findet er diesen Venusjünger viel zu materiell, zu statisch und behäbig. Meist werden die Fische trotzdem in dieser Beziehung verharren. Der Stier repräsentiert für sie den Alltag, mit dem es sich zu arrangieren gilt. Für die Sicherheit und Stabilität des Stieres nehmen die Fische seine Sparsamkeit in Kauf. Wirkliche Höhen und Tiefen wird es in dieser Beziehung trotzdem nicht geben, obwohl mit dem Stier ein Jünger der Venus auf den Archetyp des Weiblichen, die Fische, trifft. Vielleicht geht es den beiden wie guten, alten Freundinnen: Sie lieben sich, aber ohne Sticheleien kommen sie einfach nicht aus.

Fische und Zwillinge

Luftzeichen sind eigentlich nichts für die Fische, auch wenn sich die luftigen Vertreter manchmal unwiderstehlich von ihnen angezogen fühlen und deshalb ihr gesamtes Verführungsregister ziehen. Für eine Nacht oder zwei mag das Ganze noch vertretbar sein. Doch auf Dauer bleiben die Fische in solchen Verbindungen auf der Strecke. Die Beziehung zwischen Fischen und Zwillingen ist besonders fatal. Hier treffen gleich vier Schauspieler aufeinander, denn beide Doppelzeichen übernehmen für ihr Leben gerne Rollen. So gesehen, können sie mit ihrem gegenseitigen Gauklertum recht gut umgehen. Doch während bei

genkonsumenten schlecht auffallen, mag an ihrer Maßlosigkeit liegen. Sie werden mit solchen Mengen erwischt, dass niemand an Eigenbedarf glauben mag, auch wenn den ertappten Fischen nichts ferner liegt als der Handel.

All das deutet auf ein sehr extravagantes Wesen hin. Doch ist es das dritte Doppelzeichen des Tierkreises und besitzt daher auch die scheinbar entgegengesetzten Aspekte. Fische finden ihr Glück in großer Sicherheit. Sie brauchen einen überschaubaren, völlig loyalen Kreis geliebter Menschen, die ihnen Geborgenheit geben und mit denen sie nach fest gefügten, tradierten, nie in Zweifel gestellten Regeln leben können.

Die Fische als Partner

Die Fische sind ihr Leben lang auf der Suche nach ihrem „Dual", jenem zweiten Teil ihrer Seele, der vor undenklichen Zeiten als gegengeschlechtlicher Teil von ihnen getrennt wurde und ihnen seither zu ihrer persönlichen Vollkommenheit fehlt. Keine Frage, dieser kongeniale Partner ist auf Gottes Erden kaum zu finden, und so führt die Suche nach ihm die Fische noch weiter in das Reiche der Träume. Daher sind die Fische auch ständig verliebt; sei es in einen Menschen, sei es in eine Sache, eine fixe Idee oder eine Aufgabe.

Zudem sind die Fische sehr vielschichtige Wesen. Einen Teil von sich bringen sie nie in eine Beziehung ein. Der ist gleichsam dem Kosmos vorbehalten. Sie sollten von „Ihren Fischen" besser keine Liebeserklärungen erwarten. Wie sollte er auch, da

Venus in den Fischen: Liebe und Leidenschaft: Leidenschaftlicher Partner mit erotischer Ausstrahlung, aufmerksamer Krankenpfleger – ein Wesen mit vielen Facetten. ♀

den Zwillingen die Lust am Spiel im Vordergrund steht, steckt bei den Fischen mehr dahinter. Sie sehen zwei bis drei Dinge gleichzeitig, die sie verkörpern und umsetzen wollen. Daher erscheinen die Zwillinge den Fischen mit der Zeit oberflächlich, zumal sie für Fische-Ohren die fatale Neigung haben, alles zu zerreden.

Fische und Krebs

Wenn diese beiden Träumer aufeinanderstoßen, so ist das Liebe auf den ersten Blick. Gemeinsam tauchen sie in das Reich der ewigen Liebe ab. Die Fische lassen sich in die liebenden und fürsorglichen Arme des Partners sinken, ganz in der Gewissheit, in ihm den zweiten Teil ihrer Seele gefunden zu haben. In der Regel ist der Krebs der Stärkere und Lebenstüchtigere dieser Kombination. Was nicht heißt, dass er stark und lebenstüchtig ist. Er wird dafür sorgen, dass zumindest der Kühlschrank halbwegs gefüllt und das Haus in Ordnung ist. Doch so weit, dass alle Rechnungen pünktlich bezahlt würden, kommt es selten. So befindet sich dieses Paar bald in einem Existenzkampf, der beide überfordert.
Darunter leidet auch die Sexualität der beiden. Der Krebs braucht Sicherheit, um sich im Bett zu öffnen. Die Fische gehen dagegen seiner Ansicht nach viel zu leichtherzig ans Werk und präsentieren dem verunsicherten Krebs dann auch noch ihre ausgefallenen Wünsche und Ideen.

er doch genau sieht, dass Liebe und Hass und alle erdenklichen Kombinationen von beiden jederzeit und überall vorhanden sind?

Zwingen Sie einen Fisch, klar Stellung zu beziehen, wird er Ihnen unweigerlich zwischen den Fingern hindurchgleiten und auf Tauchstation gehen, da sich die Fische festen Bindungen ohnehin lieber entziehen. Sie sind zwar nicht zum Alleinsein geboren und genießen die Annehmlichkeiten einer behaglichen Zweisamkeit, doch graut ihnen gleichzeitig vor den Beschränkungen durch Verantwortung.

Fische sind jene Menschen, die bei ihrem Partner mit einigen wenigen, wohlüberlegten Dingen einziehen, aber noch jahrelang ihre eigene Wohnung behalten. Wird die Beziehung zu beengend, tauchen sie ohne große Erklärungen ab und hinterlassen bei ihrem Partner nichts weiter als die wenigen Sachen, die sie beim Einzug mitgebracht hatten.

Was die Beziehung zu Fischen überdies nicht einfach macht, ist ihr merkwürdiges Verständnis von Treue. Sie leben im Augenblick, und dann sind sie auch durchaus treu. Doch stoßen in den Fischen ein geringes Selbstwertgefühl und die vage Ahnung, ein Märchenprinz oder eine Märchenprinzessin zu sein, aufeinander. Eine fatale Kombination, die ihre Explosivität immer dann entwickelt, wenn die Fische testen, ob sich die neue Bekanntschaft vielleicht als fehlendes „Dual“ entpuppen könnte. Im Bett landen sie zu Testzwecken üblicherweise nicht, doch geben sie dem Partner jeden anderen Anlass zur Eifersucht. Als Draufgabe reagieren sie selbst auf durchaus geringere Anlässe bereits mit heftigen Gefühlsausbrüchen.

♂ **Mars in den Fischen:** Tatkraft und Antrieb: Muss an die Hand genommen oder von begeisterten Anhängern getragen werden, damit er sein ganzes Potenzial entfaltet.

Fische und Löwe

Im Bett mögen sich die beiden kurz einmal gegenseitig wärmen. Dort kann der Löwe zu seiner Verblüffung feststellen, dass er es offensichtlich doch nicht mit einer geringen Kreatur zu tun hat, die seiner Aufmerksamkeit nicht würdig ist. Doch abgesehen von der offenen und ehrlichen Erotik der Fische haben sich die beiden herzlich wenig zu sagen.

Den Fischen ist das In-Szene-Setzen des Löwen verhasst. Versteht denn dieses Geschöpf gar nicht, dass in Wahrheit sie, die Fische, die Märchenprinzen und -prinzessinnen des gesamten Universums sind? Was vermag da schon ein Herrscher der Tiere? Dem Löwen mag diese Missachtung seiner Würde gar nicht auffallen, ist doch auch er munter dabei, sein Gegenüber mit seinem Geltungsanspruch nicht zur Kenntnis zu nehmen. Ein lauter Brüller, und schon sind die Fische in Deckung gegangen. Solche Wesen wecken noch nicht einmal seinen Jagdinstinkt. Und das soll etwas heißen.

Fische und Jungfrau

Auf intellektueller Ebene sind sich die beiden auf Anhieb sympathisch. Beide schätzen das anregende Gespräch, allerdings kann es leicht passieren, dass sich die Fische von der analytischen Kühle des Jungfrauen-Verstandes etwas irritiert

Der hoffnungsvolle Anfang

Fische sind grenzenlose Romantiker – bei allem, was sie im Leben tun. Die Regieanweisungen für Ihr erstes Fische-Rendezvous ist also denkbar eindeutig: sanfte Musik, Kerzenschimmer, guter Wein oder Champagner und ein ebenso gutes Essen. Das Wichtigste an diesem Abend ist jedoch ein warmes, herzliches Gespräch. Dabei werden auch die kaltblütigsten Fische langsam warm.

Gehen Sie mit Ihrem Fische-Geborenen Fisch essen oder besuchen sie ein Nudel- oder Strudelrestaurant, denn er ist kohlenhydratiger Nahrung nicht abgeneigt und liebt Süßigkeiten. Kultivieren Sie die schöne alte Sitte des Füßelns unter dem Restauranttisch. Erstens streicheln Sie auf diese Weise bereits während des Essens die für Zärtlichkeiten empfänglichsten Körperregionen Ihres Gegenübers. Und zweitens kommen Sie dem Hang der Fische zu Heimlichkeiten entgegen.

Vielleicht erkundigen Sie sich in einem solchen Augenblick auch einmal durch die Blume, ob „Ihre Fische" gebunden sind. Falls ja, steht Ihnen vermutlich ein hinreißender Abend bevor, und vermutlich wird der Flirt zu dem Anregendsten, was Sie seit Langem erlebt haben. Im Bett werden Sie mit diesem Partner jedoch kaum landen. Er redet zwar viel von seinen erotischen Bedürfnissen und lädt Sie zu den erotischen Ausflügen ins Reich der Fantasie ein. Doch letzten Endes siegen Sicherheitsdenken und traditionelle Treuegebote. Fische sind geborene Tantriker, die mit Leichtigkeit die gesamte spirituelle Dimension der Ekstase auszuschöpfen wissen. Ihr sicheres Heim

Jupiter in den Fischen: Wachstum und Freiheit: Ist oft die treibende Kraft, die im Verborgenen wirkt, um ihre großen Wachstumsziele zu erreichen. ♃

zurückziehen. Die Jungfrau findet ihr Gegenüber aufs Erste zwar interessant, weicht dann jedoch vor seinen launenhaften Extravaganzen enttäuscht zurück. Hier trifft sie doch nicht auf die gleichen überschaubaren Werte und Verhaltensregeln, die sie bei den Fischen anfangs orten zu können glaubte. Die Fische reden zwar nicht großartig über ihre Gefühle, doch die Jungfrau spürt sie trotz allem. Und sie sind ihr zu stark; vor allem, wenn es sich um negative Empfindungen handelt. Außerdem findet sie die erotischen Inszenierungen der Fische schwülstig. Da beide auch noch mit einem eher schwach ausgeprägten Selbstwertgefühl zu kämpfen haben, bauen sie sich gegenseitig eher ab als auf.

Fische und Waage

Angesichts einer Waage fühlen sich die Fische sofort wohl. Es ist eine Begegnung wie unter guten alten Freunden. Kein Wunder, sind doch beide Doppelwesen, deren Extreme jedoch nicht wie bei den Zwillingen komplett auseinanderlaufen können. Die Fische werden durch das Band in ihren Mäulern auf eine ähnliche Weise zum beständigen Ausgleich gezwungen wie die Waagschalen durch den verbindenden Arm. Auch sonst sind die beiden aus einem ähnlichen Stoff. Die Waage ist eine Jüngerin der Venus, die Fische dienen dem Neptun, einer höheren Form der Venus. Vermutlich wird sich trotz dieser

setzen sie dafür aber kaum aufs Spiel, selbst dann nicht, wenn sie Ihnen mit aller Kraft signalisieren, wie gerne sie dies täten.

Besuchen Sie „Ihre Fische“ zu Hause, so sind ein Fliederstrauß oder falscher Jasmin, Alpenveilchen, Vergissmeinnicht oder eine Kamelie ein gutes Gastgeschenk. Darf es etwas teurer werden, freuen sich die Fische über Korallen, Opale und Aquamarine oder über Ziergegenstände in diffusen Gelbtönen, Türkis und Meergrün; überhaupt lassen sie sich für ihr Leben gerne beschenken.

Der erste Ausflug könnte einem Kloster oder einer Insel gelten; planen Sie jedenfalls eine Gelegenheit zum Baden ein. Vielleicht können Sie „Ihre Fische“ in ein Thermalbad einladen. Wärme und Wasser in einer Traumlandschaft kommen mit Sicherheit gut an. Haben Sie das Gefühl, „Ihre Fische“ haben angebissen, dürfen Sie in Ihren Aktivitäten auf keinen Fall nachlassen. Denn nun kommt der eigentliche Teil der Arbeit: Sie ans Land zu ziehen. Unterlassen Sie dies, besteht die große Gefahr, dass „Ihre Fische“ zurück ins Reich der Träume und der unerfüllten Wünsche gleiten, obwohl sie durchaus real zu haben wären. Doch das ist nicht ihre Welt, freiwillig betreten sie sie nicht. Dazu bedarf es schon des Nachdrucks von Ihrer Seite.

Der Eros der Fische

Die Fische sind pathetische Liebhaber. Sexualität und Erotik sind für sie von kultartiger Bedeutung, kaum etwas in ihrem Leben ist ihnen wichtiger. Allerdings wissen sie

♄ **Saturn in den Fischen:** Verantwortung und Sicherheit: Bescheiden und verständnisvoll wirkt er, obgleich er sich nicht darum reißt, Verantwortung zu übernehmen.

Leidenschaft versprechenden Kombination die Erotik der beiden im Kopf abspielen. Die Waage ist nicht unbedingt die erotische Impulsgeberin, während die Fische leicht ins Reich der Fantasien davongleiten. Trotzdem werden sie sich auch im Bett immer wieder befriedigend begegnen.

Fische und Skorpion

Die beiden haben wirklich einen Glücksgriff miteinander gemacht: Im Bett geht die Post ab, dass Außenstehenden Hören und Sehen vergehen würde, in spirituellen Belangen wissen sie sich eins, und im praktischen Leben ist der Skorpion voll auf seinem Posten und wird von den Fischen in seinem Führungsanspruch nie hinterfragt. Die Fische bewundern jedenfalls die Fähigkeit des Skorpions, mit den Widrigkeiten des Lebens fertig zu werden.

Stecken sie selbst im Dreck und wissen sie nicht mehr recht weiter, können sie sich auf diesen Partner verlassen. Erstens ist er ein loyales Wesen, das seine Lieben verteidigt. Und zweitens kennt er den Dreh, um den hin und her zappelnden Fischen zu etwas Entscheidungsfreude zu verhelfen.

Probleme haben die beiden miteinander vor allem dann, wenn die Fische versuchen, dem Skorpion ihre etwas schwülstigen Vorstellungen von Romantik unterzujubeln.

das vor sich und anderen bestens zu verstecken, was ihnen aufgrund ihres Herrschers Neptun auch bestens gelingt.

Neptun gilt als Fortentwicklung der Venus. Entsprechend leidenschaftlich und offen ist die Sexualität der Fische, wenngleich die sinnlichen Genüsse noch weiter in den Hintergrund treten als bei der Waage, dem zweiten Venus-Zeichen. Überspitzt ausgedrückt sind die Fische jene Zeitgenossen, die nicht mit ihren dafür bestimmten Organen die sexuelle Vereinigung anstreben, sondern mit ihren Chakren (Energiezentren). So sieht zumindest ihr Anspruch aus.

In gewisser Weise kommen die Fische nie aus jener Phase der Pubertät hinaus, die den erotischen Träumen, den geistigen Verzückungen und den unerreichbaren Repräsentanten der Lust gehören. Sie träumen von knackigem Sex, doch tun sie nichts dazu, ihn auch zu bekommen.

Im Gegenteil, oft sind sie zwanghaft auf unerreichbare Partner wie Priester, Therapeuten, Verheiratete oder sogar auf Stars fixiert. Ihre Träume werden so gut wie nie von der Realität korrigiert, egal wie heftig die Enttäuschung auch ausfallen mag. Sie reagieren sich auch nicht bei erreichbaren Surrogaten wie Prostituierten oder Pornoheften ab. Das ist ihnen viel zu anstrengend. Nein, ihre Ekstase bleibt im Vergeistigten, wenn sie auf Erden keine Entsprechung findet.

Das sollten Sie sich bei der Eroberung „Ihrer Fische" durchaus zunutze machen. Die erogenen Zonen sind die Beine und Füße. Aber probieren Sie doch lieber die vergeistigte Erotik dieses Wesens aus. Kein anderes Zeichen reagiert derartig stark

Uranus in den Fischen: Veränderung und Bewegung: Schwärmerisch steuert er die Veränderung an, sträubt sich dann aber doch, wenn es anstrengend wird.

Fische und Schütze

Einem in Liebe entbrannten Schützen können die Fische nicht widerstehen. Egal, ob Fische-Mann oder Fische-Frau, irgendwann werden sie sich dem anrennenden Charme dieses Gesellen einfach ergeben. Ist es so weit, müssen die Fische jedoch erstaunt zur Kenntnis nehmen, dass dieser so feurig scheinende Liebhaber plötzlich den Kumpel herauskehrt. Und das ist – entgegen heftig verbreiteter Vorurteile über die Fische – so gar nicht nach ihrem Geschmack. Fische mögen zwar über lange Zeit mit ihrer erotischen Fantasie das Auslangen finden. Doch wenn sie dann schon einmal ein leibhaftiges Wesen neben sich im Bett spüren, wollen sie den Mann oder die Frau und nicht den besten Freund in Armen halten. Doch fühlen sich Schützen allzu oft in ihrem Körper gefangen, während Fische die Grenzen, die ihnen ihr Körper auferlegt, meist nicht spüren. Dann ist es gerade die Hingabe der Fische, die den Schützen misstrauisch werden lässt.

Fische und Steinbock

Im Steinbock kann den Fischen tatsächlich ihr „Dual" begegnen, der ihnen zur Vollkommenheit fehlt und den sie daher ständig suchen. Allerdings muss ein Mensch eine gewisse Reife haben, um diese vollkommene Ergänzung zu erkennen und auszuhalten. Denn allzu oft wird sie

auf die Stimulans ihres Energiefeldes. Streicheln Sie die Aura der Fische, und dieses empfängliche Geschöpf vergeht bereits vor Lust.

Der Fische-Mann

Auch Fische-Männer sind offene, experimentierfreudige Liebhaber. Ihr Einfühlungsvermögen würde sie zu idealen Partnern für sehr junge, unerfahrene Mädchen machen, doch bevorzugen sie erfahrene Frauen, mit denen sie besser ins Reich der Experimente vordringen können.

Der Fische-Mann liebt es, verführt zu werden, nimmt dann jedoch die Zügel in seine Hände und hält sie fest in der Hand. Für weitere Verzögerungen hat er nach dem Intermezzo der Verführung kein Verständnis, was allerdings nicht heißt, dass er sich nicht auch in einem langen Vorspiel verlieren könnte. Bekommt er jedoch einen Korb, nachdem er sich bereits für besiegt erklärt hat, reagiert er unglaublich beleidigt.

Die Fische-Frau

Fische-Frauen müssen sich oft ihrer sexuellen Anziehungskraft vergewissern. Dann trifft man die angeblich ach so scheuen Wesen als Aktmodelle, Striptease-Tänzerinnen oder auch als Verfasserinnen erotischer Bilder oder Romane. Im Bett folgen sie einem unübertreffbaren Hang zur Dramatik und haben Spaß an allen nur denkbaren

♆ **Neptun in den Fischen:** Vorstellungskraft und Intuition: Meister der Intuition, einfühlsam, sensibel und überaus erfolgreich dabei, Mitspieler zu gewinnen.

gerade von Fische-Geborenen mit harmoniesüchtiger, reibungsloser Vertrautheit verwechselt.
Der Steinbock lässt sich von den Fischen nichts vormachen. Unbeirrbar holt er sie immer wieder auf den Boden der Tatsachen, verlangt Struktur und Realismus von ihnen. Doch dafür bekommen die Träume der Fische die Aussicht auf Umsetzung, die die Zielstrebigkeit und Genügsamkeit des Steinbocks ermöglichen. Auch wenn die Fische dagegen bocken, weil harte Arbeit nicht unbedingt von ihnen erfunden wurde: Sie fügen sich letzten Endes doch. Da mag auch die totale erotische Ergänzung eine Rolle spielen, die den beiden für ihr anstrengendes, die Entwicklung förderndes Miteinander den Ausgleich gibt.

Fische und Wassermann

Gemeinsames Träumen wird wohl noch erlaubt sein, mögen sich die Fische denken, wenn sie sich einem Wassermann nähern. Dass beide keine bindungsfreudigen Wesen sind, stört dabei zunächst einmal nicht. Trennen kann man sich später auch noch. Und so werden die beiden eine Nacht nach der anderen erleben, in denen ihre erotischen Höhenflüge sie ins Reich des Vergessens entführen.
Doch die Trennung wird trotzdem fast zwangsläufig folgen. Denn für eine dauerhafte Beziehung mit den Fischen hat der Wassermann einfach zu wenig Feingefühl. Er liebt im Kopf und ist

Varianten. Die Fische-Frau sagt selten Nein, setzt jedoch ihren Körper auch ungeniert ein, um etwas zu erreichen. Verführen Sie sie auf einem Wasserbett, am besten zur Zeit der Menstruation. In dieser Zeit wird sie von ihrer Ekstase in Gefilde getragen, die weit jenseits jeder Selbstkontrolle liegen.

Das schnelle Ende

Wenn Sie „Ihre Fische" ganz schnell wieder loswerden wollen, hilft nur eins: Legen Sie sich möglichst rüde Umgangsformen zu. Negieren Sie den Status der Fische als Märchenprinz oder Märchenprinzessin. Beginnen Sie, Ihren Partner herumzukommandieren. Blamieren Sie ihn in der Öffentlichkeit, reagieren sie zynisch auf all seine liebevollen Dramaturgieversuche, lachen Sie über seine theatralische Ader.

Tauchen Sie nicht wie gewohnt mit ihm gemeinsam in seine Träume ein, sondern zerstören sie sie gründlich durch allzu unvermittelten Kontakt mit dem Boden der Tatsachen. Negieren Sie vor allem die bislang gültigen Grundregeln Ihres Zusammenseins. Betrügen Sie ihn, verweigern sie bislang übernommene Pflichten.

Tauschen Sie zu guter Letzt die großzügigen Geschenke der Fische um. Das wird ihr sensibles Herz kaum verkraften. Spätestens dann tauchen sie ab. Doch zum Glück müssen Sie mit Fische-Geborenen nur in den seltensten Fällen so weit gehen. Es wäre auch wirklich schade, denn sie machen wunderschöne Geschenke.

Pluto in den Fischen: Transformation und Neubeginn: Ein „Religionsgründer", der es meisterlich versteht, die Menschen für eine neue Weltsicht zu gewinnen. ♇

mit den nach Streicheleinheiten dürstenden Fischen zu seinen Füßen überfordert. Die lassen sich jedoch nicht übersehen, schon gar nicht, wenn der andere nichts weiter als die Vision der Menschenliebe vor Augen hat. Schließlich sind sie, die Fische, die eigentlichen Märchenprinzen und -prinzessinnen unseres menschlichen Geschlechts.

Fische und Fische

Fische ziehen sich magisch an; in ihrem Ebenbild glauben sie, dem lange gesuchten „Dual" begegnet zu sein, und übersehen dabei die ergänzende Funktion dieser „Zwillingsseele". Doch so schnell werden sie nicht die Augen öffnen, schließlich geht es ihnen im Bett hervorragend miteinander. Ihre Beziehung läuft, was will man mehr. Schließlich haben sie die harte Arbeit nicht erfunden; schon gar nicht die an sich und der Partnerschaft.

Doch wie so oft, wenn sich zwei gleiche Tierkreiszeichen zusammentun, überwiegt auch hier die Gefahr, sich in den vorhandenen Schwächen übermäßig zu verstärken und dabei nicht von den Stärken des anderen profitieren zu können. In der Beziehung zwischen zwei Fischen äußert sich dies so, dass sich beide schnell zu emotionalen Blutsaugern entwickeln. Dann geht es nur mehr darum, wer mehr Substanz hat und den anderen überlebt.